プリント形式のリアル過去問で本番の臨場感！

宮城県

宮城県古川黎明中学校

2025年春受験用 解答集

本書は，実物をなるべくそのままに，プリント形式で年度ごとに収録しています。
問題用紙を教科別に分けて使うことができるので，本番さながらの演習ができます。

■　収録内容

・解答集(この冊子です)

書籍ＩＤ番号，この問題集の使い方，最新年度実物データ，リアル過去問の活用，
解答例と解説，ご使用にあたってのお願い・ご注意，お問い合わせ

・2024(令和６)年度 ～ 2015(平成27)年度　学力検査問題

・リスニング問題音声《オンラインで聴く》　詳しくは次のページをご覧ください。

○は収録あり	年度	'24	'23	'22	'21	'20	'19
■ 問題(総合問題、作文)		○	○	○	○	○	○
■ 解答用紙		○	○	○	○	○	○
■ 配点(大問ごと)		○	○	○	○	○	○

全分野に解説があります

上記に2018～2015年度を加えた10年分を収録しています
2022年度より英語のリスニングを実施(音声・原稿も収録しています)
☆問題文等の非掲載はありません

JN132014

教英出版

■ 書籍ＩＤ番号

リスニング問題の音声は，教英出版ウェブサイトの「ご購入者様のページ」画面で，書籍ＩＤ番号を入力してご利用ください。

入試に役立つダウンロード付録や学校情報なども随時更新して掲載しています。

書籍ＩＤ番号 **101206**

（有効期限：2025年9月30日まで）

【入試に役立つダウンロード付録】
「要点のまとめ（国語／算数）」
「課題作文演習」ほか

【リスニング問題音声】
オンラインで問題の音声を聴くことができます。
有効期限までは無料で何度でも聴くことができます。

■ この問題集の使い方

年度ごとにプリント形式で収録しています。針を外して教科ごとに分けて使用します。①片側，②中央のどちらかでとじてありますので，下図を参考に，問題用紙と解答用紙に分けて準備をしましょう（解答用紙がない場合もあります）。

針を外すときは，けがをしないように十分注意してください。また，針を外すと紛失しやすくなりますので気をつけましょう。

① 片側でとじてあるもの　　② 中央でとじてあるもの

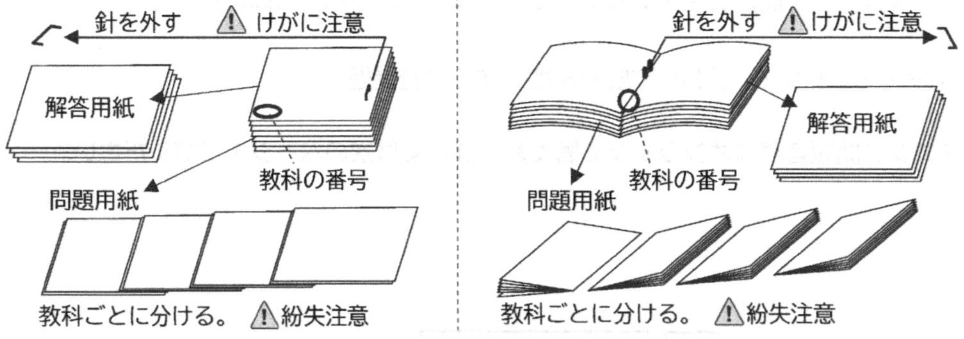

※教科数が上図と異なる場合があります。
解答用紙がない場合や，問題と一体になっている場合があります。
教科の番号は，教科ごとに分けるときの参考にしてください。

■ 最新年度 実物データ

実物をなるべくそのままに編集していますが，収録の都合上，実際の試験問題とは異なる場合があります。実物のサイズ，様式は右表で確認してください。

問題用紙	総合問題：Ａ４冊子（二つ折り） 作文：Ｂ５冊子（二つ折り）
解答用紙	総合問題：Ａ３片面プリント（問題表紙裏） 作文：Ｂ４片面プリント

リアル過去問の活用

～リアル過去問なら入試本番で力を発揮することができる～

本番を体験しよう！

問題用紙の形式（縦向き / 横向き），問題の配置や余白など，実物に近い紙面構成なので本番の臨場感が味わえます。まずはパラパラとめくって眺めてみてください。「これが志望校の入試問題なんだ！」と思えば入試に向けて気持ちが高まることでしょう。

入試を知ろう！

同じ教科の過去数年分の問題紙面を並べて，見比べてみましょう。

① 問題の量

毎年同じ大問数か，年によって違うのか，また全体の問題量はどのくらいか知っておきましょう。どのくらいのスピードで解けば時間内に終わるのか，大問ひとつにかけられる時間を計算してみましょう。

② 出題分野

よく出題されている分野とそうでない分野を見つけましょう。同じような問題が過去にも出題されていることに気がつくはずです。

③ 出題順序

得意な分野が毎年同じ大問番号で出題されていると分かれば，本番で取りこぼさないように先回りして解答することができるでしょう。

④ 解答方法

記述式か選択式か（マークシートか），見ておきましょう。記述式なら，単位まで書く必要があるかどうか，文字数はどのくらいかなど，細かいところまでチェックしておきましょう。計算過程を書く必要があるかどうかも重要です。

⑤ 問題の難易度

必ず正解したい基本問題，条件や指示の読み間違いといったケアレスミスに気をつけたい問題，後回しにしたほうがいい問題などをチェックしておきましょう。

問題を解こう！

志望校の入試傾向をつかんだら，問題を何度も解いていきましょう。ほかにも問題文の独特な言いまわしや，その学校独自の答え方を発見できることもあるでしょう。オリンピックや環境問題など，話題になった出来事を毎年出題する学校だと分かれば，日頃のニュースの見かたも変わってきます。

こうして志望校の入試傾向を知り対策を立てることこそが，過去問を解く最大の理由なのです。

実力を知ろう！

過去問を解くにあたって，得点はそれほど重要ではありません。大切なのは，志望校の過去問演習を通して，苦手な教科，苦手な分野を知ることです。苦手な教科，分野が分かったら，教科書や参考書に戻って重点的に学習する時間をつくりましょう。今の自分の実力を知れば，入試本番までの勉強の道すじが見えてきます。

試験に慣れよう！

入試では時間配分も重要です。本番で時間が足りなくなってあわてないように，リアル過去問で実戦演習をして，時間配分や出題パターンに慣れておきましょう。教科ごとに気持ちを切り替える練習もしておきましょう。

心を整えよう！

入試は誰でも緊張するものです。入試前日になったら，演習をやり尽くしたリアル過去問の表紙を眺めてみましょう。問題の内容を見る必要はもうありません。どんな形式だったかな？受験番号や氏名はどこに書くのかな？…ほんの少し見ておくだけでも，志望校の入試に向けて心の準備が整うことでしょう。

そして入試本番では，見慣れた問題紙面が緊張した心を落ち着かせてくれるはずです。

※まれに入試形式を変更する学校もありますが，条件はほかの受験生も同じです。心を整えてあせらずに問題に取りかかりましょう。

宮城県古川黎明中学校　2024 令和6年度　総合問題

《解答例》

[1]　1．No.1．B　No.2．B　　2．C

[2]　1．(1)ウ　(2)川に流す油や洗剤の量を減らすことで，川の水を汚さずにすむから。　(3)37800　(4)化石燃料を使って発電すると，地球温暖化の原因となる二酸化炭素が排出されるが，再生可能エネルギーを使って発電すると，二酸化炭素が排出されないから。　2．(1)ア．9.3　イ．う．A　え．C　(2)ア．③　イ．川の水の流れをおそくし，しん食したり運ぱんしたりするはたらきを小さくする

[3]　1．(1)B→A→C　(2)64　(3)50　(4)1.5　(5)ア．0　イ．え　ウ．水はこおると体積が大きくなるので，水道管に残った水がこおって，水道管がこわれてしまうのを防ぐため。　2．(1)エ　(2)おおい堂が光堂を雨や雪，風などから保護していた　(3)朝廷は，朝廷に従わない人たちを従わせたり，反乱をおさえたりするために軍を派遣し，戦いや支配のために胆沢城や志波城を築いて，北に支配領域を広げていった。

《解　説》

[1]　1　No.1　「こんにちは。僕《ぼく》は誠です。僕は冬休みを楽しみました。大晦日《おおみそか》に，僕は祖父と一緒《いっしょ》にケーキを食べました。B元日《がんじつ》はお寿司《すし》を食べました。美味しかったです」　No.2　「こんにちは。私は久美です。B私は家族と電車で大阪に行きました。楽しかったです。私は旅行が好きです。飛行機で北海道を訪れたいです」

2　トム「美紀，土曜日はいつも何をしているの？」→美紀「いつもは友達とサッカーをしたり，キャッツ アンド ドッグズ インザワールドを見たりしているよ」→トム「キャッツ アンド ドッグズ インザワールド？」→美紀「動物のテレビ番組なの。面白いよ。私は猫が好きよ」→トム「なるほど。僕は動物が好きだよ。見たいなぁ」→美紀「ええ，7時から見れるよ」→トム「ああ，いや。Cいつもは7時からエキサイティング バレーボールを見るよ」→美紀「エキサイティング バレーボール？それはテレビ番組なの？」→トム「そうだよ，僕はスポーツが好きなんだ。そして，C日曜日はいつもエンジョイ バスケットボールを見るよ」→美紀「私も。面白いよね」

[2]　1(1)　下流域に安定して水を行き渡《わた》らせるためには，川の上流に水を貯めておく必要がある。　(2)　川の水が汚《よご》れると，川にいた生き物がいなくなってしまうことがある。

(3)　ダムの水をせき止める部分について，堤頂長の$\frac{3}{4}$倍の長さは$360\times\frac{3}{4}=270$(m)だから，右図のような台形として考えることができる。

よって，求める面積は(360＋270)×120÷2＝37800(㎡)

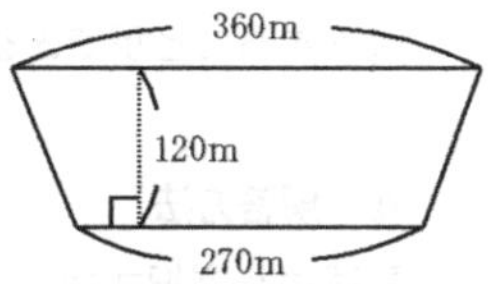

(4)　資料2から，石炭火力，石油火力などの化石燃料を使った火力発電では，多くの二酸化炭素を排出すること，太陽光発電と水力発電では二酸化炭素を排出しないことを読み取る。次に資料3から，二酸化炭素が地球温暖化の原因の1つであることを読み取る。

2(1)ア　(8＋11＋9)÷3＝9.33…→9.3 ㎜　(2)ア　①×…容器の下の台を外すと，容器のかたむきは装置2より小さくなるから，地点Cの流れる水の速さは地点Bよりおそくなると考えられるが，結果は速くなっている。

②×…容器の下に台を3つ重ねて置くと，容器のかたむきが装置1より大きくなるから，地点Cを流れる水の速さは地点Aより速くなり，水が流れたあとのみぞの幅《はば》やみぞの深さが地点Aより大きくなると考えられるが，結果はほぼ同じくらいである。　③○…予想で「流れる水の量が増えた方が…」とあるので，紙コップの穴を増やして流

れる水の量を増やして実験を行った。　**イ**　流れる水が，地面などをけずることをしん食，けずったものを運ぶことを運ぱんといい，運ばれてきたものを積もらせることをたい積という。

3　1(1)　おばあさんの家からA，B，Cの銅像までは必ず，１辺の長さが等しい正方形の辺上を１本通るので，この道のりを除いて考える。右図の太線の長さを比べると，明らかにCがもっとも短い。また，ある２点を直線で結んだときの道のりが最短になるから，AはBよりも短い。したがって，長い方からB→A→Cの順になる。

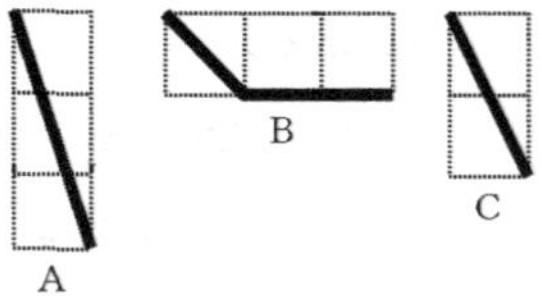

(2)　銅像Aの身長は漫画《まんが》の設定の，$\frac{160}{250}\times100=64(\%)$にあたる。

(3)　２人は出発してから午前10時44分－午前10時＝44分後におばあさんの家に着いた。よって，２人が歩いた時間は44－20＝24(分間)である。1.2 km＝(1.2×1000) m＝1200mだから，２人が１分間に歩いた平均の距離《きょり》は1200÷24＝50(m)である。

(4)　同じ道のりを進むのにかかる時間と，進む速さは反比例することを利用する。
メモにまとめた計画では，歩いた時間は午後２時40分－午後２時－５分×２＝30(分間)である。同じ計画のまま午後２時30分に帰宅するとき，歩く時間は午後２時40分－午後２時30分＝10分間短くなるので，30－10＝20(分間)となる。よって，かかる時間は$20\div30=\frac{2}{3}$(倍)になるから，歩く速さを$\frac{2}{3}$の逆数の$\frac{3}{2}=1.5$(倍)にすればよい。

(5)**ア，イ**　水がこおり始めて，水(液体)と氷(固体)がまざっているとき，温度は一定になる。再び温度が下がり始めた９分後以降では，試験管の中は氷(固体)のみになっている。なお，10分後以降で温度の変化がないのは，試験管の中の氷と，ビーカーの中の食塩の水溶液《すいようえき》の温度が同じになったためと考えられる。　**ウ**　手順３のとき試験管の中は水のみ，手順５のとき試験管の中は氷のみである。図３の水の様子で，手順３のときより手順５のときの方が体積が大きくなっていることがわかる。水道管内に残った水がこおると，体積が大きくなって，水道管がはれつするおそれがある。

2(1)　ア．誤り。アテルイは坂上田村麻呂に降伏した。イ．誤り。894年に遣唐使の派遣が中止されて以降，遣唐使は派遣されなかった。また，かな文字は日本で生まれた文字である。ウ．誤り。藤原道長は蝦夷を攻める軍を率いていない。また，摂政は天皇が幼い時などに天皇の代わりに政治を行う役職である。

(2)　資料２の最後に『光堂のまわりや屋根におおいかぶせるように，「おおい堂」がつくられている。』とある。

(3)　資料３から，朝廷の支配領域が北に広がっていることがわかる。資料４から，朝廷は勢力を広げるために戦いの拠点として城をつくり，その地を平定すると，城は支配するための行政的な役割に代わっていったことを読み取る。

《解答例》

〈作文のポイント〉

・最初に自分の主張、立場を明確に決め、その内容に沿って書いていく。

・わかりやすい表現を心がける。自信のない表現や漢字は使わない。

さらにくわしい作文の書き方・作文例はこちら！→

https://kyoei-syuppan.net/mobile/files/sakupo.html

《解答例》

1　1．No.1．C　No.2．A　　2．B

2　1．⑴ウ　⑵男子に比べて女子の就学率が低い　⑶Aの自転車はBの自転車よりも値段が高いが，安全性が高いことを示すエスジーマークがある。このことから，物を選ぶとき値段の安さより安全性が高いことの方が大事だと考えたため。　　2．⑴ア．1　イ．う　⑵暖められた空気は上の方に集まるので，上の方にある暖かい空気を下の方に動かす　⑶ア．25℃より高いときに，「5分間待つ」に進んでしまう。　イ．25℃以上

3　1．⑴イ　⑵利用者が，先に並んで待っている順番どおりにレジで会計をすることができる点。
⑶ア．4　イ．204　ウ．9.12　エ．重なっている1つ分の面積は 9.12 ㎠であり，図4のように，重なっている部分は上段の方からみると，缶詰1個に対して，4ヶ所ずつある。求める重なっている部分の合計は，1段目から4段目までの缶詰の個数が1＋4＋9＋16＝30(個)だから，4×30＝120(ヶ所)である。したがって，面積の合計は，9.12×120＝1094.4(㎠)となる。　　2．⑴ア．う　イ．早く土の表面から芽を出すと，光に当たることでつくられる養分を成長に使えるから。　⑵ア．え　イ．ピーマンが取り入れた酸素の量と，出した酸素の量がほとんど同じだったから。

《解　説》

1　**1**　**No.1**　「こんにちは。私の名前はサトシです。はじめまして。私はスポーツが好きです。Cときどき野球の試合を観戦します」　　**No.2**　「こんにちは！私の名前はアヤです。はじめまして。A私の誕生日は6月5日です。誕生日にぼうしがほしいです」

2　店員「こんにちは，レストランへようこそ，こちらが本日のメニューでございます」→お母さん「ありがとうございます」→店員「Bスパゲッティセットがおすすめです。スパゲッティ，サラダ，ケーキのセットで，800 円です。ステーキセットもおすすめです。ステーキとライスとスープのセットで 900 円です」→お母さん「わかりました」→ 店員「何になさいますか？」→お母さん「ソフィア，何が食べたいの？」→ソフィア「B私はステーキセットがいいわ。お母さんは？」→お母さん「Bじゃあ，私はスパゲッティセットにするわ」→店員「かしこまりました。ステーキセットがおひとつと，スパゲッティセットがおひとつですね。他はよろしいですか？」→お母さん「結構です」

2　**1⑴**　ウ　　富国強兵と殖産興業をスローガンに掲げ，日本の国力を上げるための政策が，明治維新とともに展開された。岩倉使節団の本来の目的は，欧米諸国と幕末に結んだ不平等条約の改正交渉の準備をすることであったが，憲法や議会が整備されていないことを理由に，交渉は失敗に終わった。

⑵　女性は，家庭での重要な働き手であったため，当初の女子の就学率は，男子に比べて低いものであった。

⑶　エスジーマーク…商品の安全性を認証するマーク。安全性を重視すればエスジーマークのついたAの自転車，値段を重視すれば，同じような機能でコストパフォーマンスに優れたBの自転車を選ぶ。

2⑴ア　表2より，下の方の温度は0分～5分の5分間で5℃上がっているので，1分間あたり5÷5＝1(℃)上がった。　**イ**　表3より，下の方の温度が 30℃になったのは，白熱電球をつけてから 10 分～15 分の5分間である。

その5分間で温度が31－27＝4(℃)上がっているので，1℃上がるのにかかる時間は5÷4＝1.25(分)→1分15秒である。よって，下の方の温度が31℃より1℃低い30℃になるのは，15分の1分15秒前の13分45秒である。

(2) 空気のように，暖められた部分が上にあがり，そこに新たな空気が流れこんで全体に熱が伝わるような熱の伝わり方を対流という。

(3) このプログラムでは，測った温度が25℃のときだけ白熱電球が消えてプロペラが止まる設定になっている。25℃以上のときに白熱電球が消えてプロペラが止まるようにしたいので，25℃ではなく25℃以上にすればよい。

3 1(1) ア．2016年の収穫量の9割は144800×$\frac{9}{10}$＝130320(トン)で，これは2016年の出荷量より多いから，正しくない。　イ．2017～2020年で，前年に比べ収穫量が増加した年は2019年で，この年は出荷量も昨年と比べ増加しているから正しい。　ウ．2020年の宮崎県でのピーマンの出荷量は127400×$\frac{20}{100}$＝25480(トン)で3万トンより少ないから，正しくない。　エ．その他の31％に九州地方がどれだけふくまれているかが分からないので，資料1から読み取ることはできない。

(2) 図2の並び方であれば，レジの進み具合に関わらず，並んだ順番でレジに進むことができる。

(3)ア 高さは同じなので，体積の比は底面積の比に等しい。もとの円柱と底面の直径を2倍した円柱は，底面が同じ形(円)で，直径の比が1：2だから，底面積の比は，(1×1)：(2×2)＝1：4

よって，体積の比は1：4だから，底面の直径を2倍すると，円柱の体積は4倍になる。

イ 各段の缶詰《かんづめ》の個数は，1段目が1＝1×1(個)，2段目が4＝2×2(個)，3段目が9＝3×3(個)，…となるので，8段になるときの缶詰の個数の合計は，1＋4＋9＋16＋5×5＋6×6＋7×7＋8×8＝

1＋4＋9＋16＋25＋36＋49＋64＝204(個)

ウ 斜線《しゃせん》部分Aを右図のように半分にわける。半分に分けたうちの1つの面積は，

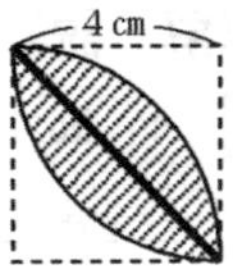

半径が4cmの円の$\frac{1}{4}$のおうぎ形の面積から，直角をはさむ2辺の長さが4cmの直角二等辺三角形の面積をひけばよいので，4×4×3.14×$\frac{1}{4}$－4×4÷2＝4.56(cm²)

よって，斜線部分Aの面積は，4.56×2＝9.12(cm²)

エ ウで求めた斜線部分Aが何か所あるのかを考えることで，解答例のように説明できる。

2(1)ア 図7より，A，Bともに，光を当てて育てた場合のほうが光を当てないで育てた場合よりも成長することがわかる。また，光を当てないで育てた場合でも成長しているので，子葉の養分と，光が当たることでつくられた養分を使って成長すると考えられる。　イ 土の中で発芽した種子は光が当たらないので，早く光が当たる土の表面に出られるように，はじめは光が当たらない方が早く成長する仕組みになっている。　(2)ア ある条件について調べたいときは，その条件だけが異なる2つの実験の結果を比べる。光が当たらず，ピーマンが呼吸だけを行っているのはDだから，Dとピーマンの条件だけが異なるFを比べればよい。　イ Cではピーマンに光が当たるので，ピーマンは呼吸以外に光合成も行う。光合成では二酸化炭素を取り入れて酸素を出すので，酸素の体積の割合の数値が変化しなかったのは，呼吸で取り入れた酸素と光合成で出した酸素の量がほとんど同じだったからである。

《解答例》

(例文)

日本に初めて来た外国人に対して、私は、日本では家に入る時にくつをぬぐという習慣を紹介します。おそらく、日本に初めて来た外国人は、くつをぬぐことにとまどうと思います。しかし、その習慣について紹介をすれば、きっと良い習慣として理解してもらえると思うからです。

私は、家に入る時にくつをぬぐことが、当たり前のことだと思っていました。だから、外国でホームステイをした時に、ホストファミリーが土足で家の中に入ることにおどろき、ていこうを感じました。かれらは、土足で入ったゆかでも、平気で座ってくつろいでいました。私はその時、国によって習慣がちがうことを知りました。日本人は、家の中を清潔な状態に保ちたいという意識をもっています。くつをぬぐ習慣は、その一つの表れだと思います。くつをぬぐことで、家のゆかをきれいに保つことができます。日本人は、ソファーに座るより、直接たたみやゆかに座って過ごす方がリラックスできるという人が多いことも理由の一つだと思います。このように、それぞれの国の習慣をおたがいに理解して認め合うことは、よりよい国際交流につながると思います。

《解答例》

1　1．(1)水　(2)長い期間しゅうかくできる点。　(3)良さ①…生産者や生産地が分かるため，安心して買うことができる。良さ②…とれたてのため，しんせんなものを買うことができる。(良さ①と良さ②は順不同)　2．(1)い．引いた長さ　う．進んだきょり　(2)ア．元にもどろうとする　イ．窓A側…④　窓B側…②　3．(1)イ　(2)オーストラリア産　(3)お．お肉を1000円分　か．A　き．B

2　1．(1)イ　(2)あ．分解されるのに要する期間が長い　い．様々な動物の体内に取り込まれる　(3)(例文)レジ袋を買わず，マイバッグを使う。　2．(1)アルミ缶の表面をけずって，けずった部分に導線をあてる。　(2)磁石のようにS極についていた側がN極で，反対側がS極　(3)え．3　お．高い

3．(1)ア　(2)225　(3)月の数を○，日の数を△とすると，図4の入力画面で入力した数は，

①○×4　②○×4＋9　③(○×4＋9)×25＝○×4×25＋9×25＝○×100＋225　④(○×100＋225)＋△

となるから，④の数から225を引くと○×100＋△となる。これは百のかたまりで月を，一のかたまりで日を表している。よって，図5のように誕生日である○月△日を表す数が正しく表示される。

リスニング　第1問．No.1．B　No.2．C　第2問．C

《解　説》

1　1(1)　直前のお父さんの言葉に着目すれば，「雨」「川」「海」から「水」を導ける。森がたくわえた雨水は，地下水となってゆっくりとしみだし，川に流れ出て海まで流れ着く。森を守り育てることが海の環境を守ることにつながるので，「森は海の恋人」をキャッチフレーズに，全国で漁師による植樹が行われている。　(2)　資料1より，ろじ栽培の収穫期間が3ヶ月ほどなのに対し，しせつ栽培の収穫期間は7ヶ月ほどで，2倍以上長いことがわかる。

(3)　顔写真と名前を入れて生産者が分かるので，消費者が安心して農産物を買うことができる。収穫した日に店頭に並ぶので，消費者が新鮮な農産物を買うことができる。地産地消によって，輸送距離が少なくなることで，トラックなどから排出される二酸化炭素の量も抑えることができる。二酸化炭素の排出を抑えることは，地球温暖化の防止につながる。また，地元の人々が地元の農家がつくった農産品を買えば，その地域のお金は他の地域に流出することなく，地域内で循環するといった特長もある。

2(1)　のびた輪ゴムが元にもどろうとする性質を利用して車を走らせている。輪ゴムをのばすほど元にもどろうとする力は大きくなるから，輪ゴムを引いた長さが長くなるほど，車が進むきょりは長くなると考えられる。

(2)　イ．計画カードの展開図に着目する。窓Aは軸《じく》の上にあり，進行方向は左側だから，軸の上のこどもが立っている向きに見え，右手に旗を持っている④が適切である。窓Bは軸の下にあり，進行方向は右側だから，軸の下のこどもが立っている向きに見え，左手に旗を持っている②が適切である。

3(1)　3つのグループとは，肉や魚やたまごなどの「体をつくるもとになるもの(たんぱく質)」，米やパンやめん類などの「エネルギーのもとになるもの(炭水化物と脂質)」，野菜やくだものやきのこなどの「体の調子を整えるもとになるもの(ビタミンとミネラル)」である。アでは，体をつくるもとになるものが足りず，ウではエネルギーのもとになるものの割合が大きい。　(2)　1000gあたりの値段を考える。国産は$484\times\frac{1000}{400}=1210$(円)，オーストラリア産は$351\times\frac{1000}{300}=1170$(円)である。アメリカ産は牛を700g，豚を300g買うと7：3になるので，

128×７＋98×３＝1190(円)である。よって，単位量あたりの値段が一番安くなるのは，オーストラリア産である。
(3)　Ａの割引金額《きんがく》が 500 円になるとき，お肉の代金は 500÷$\frac{50}{100}$＝1000(円)となる。よって，お肉を 1000 円分買う場合はＡとＢの割引金額は同じになる。Ａはお肉の代金が高いほど，割引金額が高くなるので，お肉の代金が 1000 円より多い場合はＡ，1000 円より少ない場合はＢを使うとよい。

2　１(1)　イが正しい。2017 年において，マレーシア・タイ・香港へのプラスチックくずの輸出量の合計は 40.8(万トン)，日本の廃プラスチックの排出量の５％は 863×0.05＝43.15(万トン)。　ア．2016 年において，日本の廃プラスチックの排出量(286.6…万トン)よりも，中国へのプラスチックくずの輸出量(80.3 万トン)の方が少ない。
ウ．2019年において，５つの国・地域へのプラスチックくずの輸出量の合計(46.8万トン)は，日本の廃プラスチックの排出量の２割(170 万トン)以下である。　エ．日本の廃プラスチックの排出量は 2017 年から 2019 年まで減り続けている。　(2)　あ．発表資料の表の中で，プラスチック製のごみは，プラスチック製の飲料ボトルとレジ袋《ぶくろ》である。　い．細かくなったプラスチック(マイクロプラスチック)は，食物連鎖《れんさ》の中で様々な動物の体内に取り込《こ》まれ，蓄積《ちくせき》していく。　(3)　解答例の他，「マイ箸を使用する。」「プラスチック製ストローを使用しない。」「繰り返し使用できる詰め替え用ボトルを買う。」などもよい。
２(1)　アルミ缶《かん》のオレンジの絵の部分には塗料《とりょう》などがぬられているため，それをけずってアルミニウム(金属)をむき出しにする必要がある。金属には電気を通す性質がある。　(2)　磁石の同じ極どうしは反発し合うためくっつかないが，異なる極どうしは引き合うためくっつく。Ｎ極につり下げたクリップは上がＳ極になり，下がＮ極になる。また，Ｓ極につり下げたクリップは上がＮ極になり，下がＳ極になる。よって，Ｎ極につり下げたクリップの下(Ｎ極)は，Ｓ極につり下げてあったクリップの上(Ｎ極)とは反発し合い，Ｓ極につり下げてあったクリップの下(Ｓ極)とは引き合う。　(3)　え．1500÷50000×100＝３(％)
３(1)　比の数の合計をそろえれば，２つの比を比べることができる。まず，ア．４：３とイ．16：９について考える。４：３の比の数の和は４＋３＝７，16：９の比の数の和は 16＋９＝25 だから，比の数の和を７×25＝175 にそろえると，４：３＝(４×25)：(３×25)＝100：75，16：９＝(16×７)：(９×７)＝112：63 となる。したがって，アとイの画面の面積の比は，(100×75)：(112×63)＝7500：7056 となるから，アの方が面積が大きい。
同様にアとウを比べると，４：３＝104：78，16：10＝112：70 だから，(104×78)：(112×70)＝8112：7840 より，アの方が画面の面積が大きい。よって，最も面積が大きいのはアである。なお，長方形の周の長さを変えずに横とたての長さだけを変化させるとき，横とたての長さの差が小さくなるほど面積は大きくなり，横とたての長さの差が０のとき(正方形になるとき)，面積が最大になる。これを知っていれば，４：３＝16：12，16：９，16：10 のうち，横とたての長さの差が一番小さいのは 16：12 だから，面積が最も大きくなるのはアだとすぐにわかる。
(2)(3)　月の数を○，日の数を△とすると，図５の４けたの数は，月が上２けた，日が下２けたで表示されているので，④から「か」をひいた数は，○×100＋△となる。よって，(3)の解答例のように①～④で入力した数を○と△で表すことで，「か」にあてはまる数を求めることができる。

リスニング　**第１問**　**No.１**．「たくやです。動物が好きです。動物園の飼育員になりたいです」より，Ｂが適切。
No.２．「さくらです。音楽が好きです。土曜日に音楽学校へ通っています。ピアノを弾きます」より，Ｃが適切。
第２問　【放送文の要約】参照。

【放送文の要約】

ひろし　：夏休みはどうだった，エミリー？
エミリー：すごく楽しかったわ。家族と山に行ったの。

ひろし　：それはいいね。何をしたの？

エミリー：cキャンプを楽しんだわ。

ひろし　：いいね。

エミリー：夜にピザを食べたの。おいしかったわ。あなたは夏休みを楽しんだ，ひろし？

ひろし　：うん。祖母と七夕まつりに行ったよ。cアイスを食べたよ。おいしかったよ。

《解答例》

（例文）

今年、私自身の生活において大変だったことは、祖母がひざの手術を受けたことです。

私の家族は、父も母も朝から晩まで仕事に出ているため、家事は主に祖母が担当してくれていました。そのため、祖母の入院中や退院後のリハビリ中は、家族全員で協力して家事と、祖母のお世話をやりとげました。父母は、それまでよりさらに早起きをして、そうじ、洗たく、朝食と夕食の支度をし、私と弟はその手伝いをしました。みんな、ふだんやり慣れないことをやったので、祖母のように手際よくはできませんでした。家事の大変さと祖母のありがたみが身に染みる毎日でした。

しかし、そうした生活の中でも、家族がはげまし合い、助け合うことで、これまでより家族のきずなが強まったような気がします。退院後、リハビリを終えた祖母に、家族全員が心から、これまで祖母がしてくれたことへの感謝の気持ちを伝えました。祖母の目になみだが光るのを見て、私はこれまで感じたことのないほどの温かい気持ちになりました。

それからは、祖母やいそがしい父母にたより過ぎないように、私と弟が家事をやる機会が増えました。これからも家族全員で力を合わせて生活していきたいと思っています。

《解答例》

1　1．(1)ウ　(2)寺子屋が広まったことで，読み書きのできる人が増えたため，多くの本が作られるようになり，和紙の出荷量が増加したと考えたから。　(3)(例文)選んだ写真の番号…1／和紙でできた着物は，手触りが良く丈夫なので，着心地が良く長持ちします。消臭効果もあるので，汗をかきやすい夏にもおすすめの商品です。

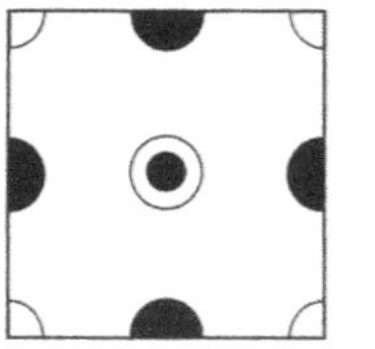

2．(1)ア，ウ　(2)葉がかさならないように間をあけることで，植物の成長に必要な日光が多くの葉に当たるから。　(3)右図

3．(1)$\frac{8}{37}$　(2)腸の働きを活発にし，排泄のリズムを整えることで，健康な生活を送ることができる。／体温を上昇させ，脳や体が活発に働くことで，いきいきと1日をスタートさせることができる。などから1つ　(3)4.05

2　1．(1)ウ　(2)ア．う　イ．4月，5月に流量が多いと，しろかきをおこなうために多くの水を田んぼに入れることができるから。　(3)(あの例文)雑草や害虫を食べてくれる。　(いの例文)脚かきによって雑草を浮き上がらせてくれる。　(うの例文)アイガモのフンが肥料となって，稲の生育を助けてくれる。

(4)ア．あ．③　い．④　イ．29℃

2．(1)ア．1830　イ．110　※(2)19

※の求め方は解説を参照してください。

《解　説》

1　1(1)　資料1の「人の和を大切にしなさい」「天皇の命令には必ず従いなさい」と，資料2の「中国(隋)の進んだ政治や文化を取り入れようとした」から，ウと判断できる。聖徳太子は小野妹子を派遣し，大陸の文化や制度を移入した。　ア．資料2に「中国(隋)と対等な国の交わりを結び」とあるから，「中国(隋)の支配のもと」が不適切。イ．「日本の古い政治を固く守り続け」が不適切。　(2)　資料3の「寺子屋が増えたことで，読み書きのできる人が増えて，たくさんの人が本を読めるようになった」に着目する。江戸時代に商業が発達してくると，町人や農民の間で教育がさかんになり，寺子屋で文字の読み方や書き方，そろばんを学ぶ人が増え，本がたくさん作られるようになった。　(3)　資料4に書かれている「和紙の良さ」は，「丈夫《じょうぶ》で」「手触《てざわ》りも良く」「光を適度に通すにもかかわらず，紫外線《しがいせん》を90％前後カットする」「ほこりや花粉などを吸着《きゅうちゃく》する」「消臭《しょうしゅう》効果もある」である。これらの特徴《とくちょう》と，「着物」「日傘《ひがさ》」「マスク」の用途《ようと》や性能を照らし合わせて考えよう。「クラスのみんなにすいせんする」文章なので，聞いた人が使ってみたくなるように，どこがどのように良いからおすすめなのかを，分かりやすく書こう。

2(1)　ある条件について調べたいときは，その条件だけが異なる2つの実験の結果を比較する。光の条件だけが異なるのは，アとウまたはイとエだが，イとエは水をあたえないので，種が発芽しない。したがって，アとウの結果を比較することで，発芽と光の関係について調べることができる。　(2)　植物の葉は，日光を受けて光合成を行い，でんぷんを作る。周囲との間かくがせまいと，葉がかさなって日光を受けにくくなるので，光合成の量が減り，育ちにくくなる。　(3)　③でできた直角二等辺三角形の45°の角をピンクと赤にそめているが，写真5を見ると，ピンクでぬったのは，もとの正方形の中心ではなく外側の方であるとわかる。

3回折ってできた直角二等辺三角形を，折ったときとは逆の順番に広げていくと，右図のようになる。

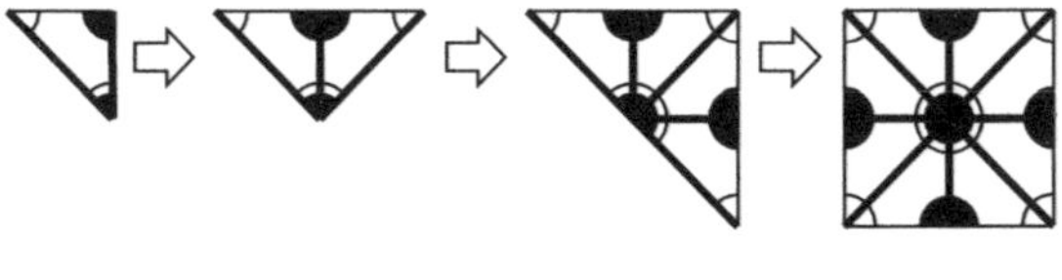

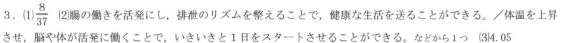

3(1)　$\dfrac{\text{（1組で「ご飯」と答えた人数）}}{\text{（全体の人数）}}$で求める。
全体の人数は $29+28+12+5=74$(人)だから，求める割合は，$\dfrac{16}{74}=\dfrac{8}{37}$である。　**(2)**　A群，B群から1つずつ言葉を選んで説明しよう。A群から腸《ちょう》を選んだ場合には，B群から排泄《はいせつ》を，A群から脳《のう》や体を選んだ場合には，B群から体温を選ぶとよい。　**(3)**　塩分が25%カットされているので，減塩みその食塩相当量は100gあたり $12\times(1-0.25)=9$(g)である。5人分のみそ汁をつくるのにみそは $18\times\dfrac{5}{2}=45$(g)必要だから，春花さんが作るみそ汁の食塩相当量は $9\times\dfrac{45}{100}=4.05$(g)となる。

2　**1**(1)　ウが正しい。資料2は等高線があることから傾斜《けいしゃ》しているとわかる。果樹園の地図記号は「ό」である。ア．資料1では，果樹園は北側よりも南側の方が少ない。　イ．資料1では畑(∨)が見られる。　エ．学校(文)や警察署(⊗)が見られるのは「資料2」ではなく「資料1」である。　**(2)ア**　「う」が正しい。グラフ1から読み取れる内容である。「あ」について，川の流量と3つの市の降水量が12月に多いのは，「梅雨」ではなく「北西季節風」の影響である。「い」について，グラフ1より，川の流量が1年のなかで最も多いのは4月である。雪どけ水が流れこむ4月に流量が増える。「え」について，グラフ2より，3つの市すべてで降水量がもっとも少ないのは4月である。　**イ**　資料3より，4月に「しろかき」が行われること，資料4より，「しろかき」は，土をくだいて平らにするため，田んぼに多くの水を入れて行われることが読み取れる。　**(3)**　雑草や害虫を食べさせる無農薬のアイガモ農法には，アイガモが稲の根をふむことによって稲が丈夫に育つという長所もある。　**(4)ア**　あ．A地点とC地点の間で雲ができなかったときには，空気が100m上昇するごとに1.0℃下がり，空気が下降するごとに1.0℃上がるので，A地点とD地点の空気の温度は変わらない。　い．雲ができているところでは，空気が100m上昇するごとに 0.5℃下がる(雲ができていないときよりも温度が下がりにくくなる)ので，より低い位置に雲ができると，C地点での温度がより高くなり，D地点での温度もより高くなる。このため，A地点とD地点の空気の温度差は，大きくなる。　**イ**　寒河江市の標高114mの地点から914mまで，空気が $914-114=800$(m)上昇するときは雲が発生していないので，空気が100m上昇するごとに1.0℃下がり，標高914mで $23-1\times\dfrac{800}{100}=15$(℃)になる。その後，標高1914mの山頂まで空気が $1914-914=1000$(m)上昇するときは雲ができているので，空気が100m上昇するごとに0.5℃下がり，山頂で $15-0.5\times\dfrac{1000}{100}=10$(℃)になる。山頂から庄内町の標高14mの地点まで空気が $1914-14=1900$(m)下降するときには，空気が100m下降するごとに1.0℃上がるので，庄内町の標高14mの地点で $10+1\times\dfrac{1900}{100}=29$(℃)になる。

2(1)**ア**　模造紙は縦が1100㎜$=\dfrac{1100}{10}$cm$=110$㎝，横が800㎜$=\dfrac{800}{10}$cm$=80$㎝の長方形である。題名以外の部分の大きさは全体の $100-10=90$(%)だから，$110\times80\times\dfrac{90}{100}=7920$(㎠)である。記事を書く部分は，長い辺が$\dfrac{420}{10}cm=42$㎝，短い辺が$\dfrac{290}{10}cm=29$㎝の長方形なので，求める面積は，$7920-42\times29\times5=7920-6090=1830$(㎠)である。
イ　題名部分の横の長さと模造紙の横の長さが等しいので，題名部分の大きさが模造紙全体の10%ということは，題名部分の縦の長さは模造紙の縦の長さの10%だから，$1100\times\dfrac{10}{100}=110$(㎜)である。円の直径がこの長さより大きいと円をかくことができない。円の直径を110㎜とすると，6枚重ならないよう横一列に並べたときに必要な横の長さは $110\times6=660$(㎜)以上だから，並べることができる。よって，円の直径は最大で110㎜になる。
(2)　(学年で「最上川舟下り」を選んだ人数)－(明さんのクラスで「最上川舟下り」を選んだ最大の人数)で求める。
グラフ4より，学年で「最上川舟下り」を選んだ人数は24人である。明さんのクラスで3番目に多い「温泉」を選んだ人数は $40\times\dfrac{15}{100}=6$(人)なのだから，「最上川舟下り」を選んだ人数は，最大で5人となる(同数にはならないから)。よって，明さんのクラス以外で「最上川舟下り」を選んだ人数は最少で $24-5=19$(人)である。

《解答例》

（例文）

小学校の音楽発表会の、ピアノばん奏者に立候補するかどうかをまよったことがある。小学校最後の音楽発表会なので、ピアノのばん奏をしてみたいと思った。しかし、力不足でうまくひけないかもしれない、練習に時間がかかって大変になるかもしれないといった不安があり、しばらく決められずにいた。

そのとき、「やらずにこうかいするより、やってこうかいしたほうがいい。」という言葉を思い出し、立候補することに決めた。その結果、ばん奏者に選ばれた。それから毎日、長時間練習をした。遊ぶ時間を減らしたり、うまくひけないところを音楽の先生に相談したりして、精いっぱい努力をした。その結果、まちがえずにひけるようになり、自信を持って本番に臨むことができた。私のばん奏は歌いやすいと友達が言ってくれたり、私の前奏でみんなの気持ちが一つになるようだと指揮者から言われたりしたときは、とてもうれしかった。まよったがチャレンジして本当に良かったと思った。

この経験から、失敗や苦労をおそれて何もしなければ成長することができないということを学んだ。これからも、高い目標を持っていろいろなことにチャレンジしていきたい。

宮城県古川黎明中学校

2020 令和2年度 総合問題

《解答例》

[1] 1．(1)ウ (2)ア．お父さんの避難経路は，陽子さんの避難経路と比べて，より高い所を通って避難することができる点。 イ．あ．舟〔別解〕川 い．輸送する〔別解〕運ぶ 2．(1)記号…イ 理由…火災によって発生した煙は，あたためられた空気によって上に移動するので，煙を吸い込まないようにするために，体勢を低く保ち，口をハンカチなどでおおう必要があるから。 (2)イ (3)物が燃えるためには酸素が必要であり，水でぬらしたタオルなどをかぶせることで，空気中の酸素が油に届かなくなり，火を消すことができるから。 3．(1)B ※(2)10，6 (3)良太さんの移動時間が５分短い。

[2] 1．(1)あ．多い方が，くぎを引きつける力が強い。 い．近い方が，くぎを引きつける力が強い。 う．銅のときは，くぎを引きつけない。 (2)とても重い鉄くずでも運ぶことができるから。／さまざまなゴミの中から，鉄だけを引きつけて集めることができるから。などから１つ 2．(1)イ え．天皇や貴族 お．武士 (2)自分の娘たちが天皇と結婚したり，孫が天皇になったりして天皇家とのつながりが深まり，権力が高まった。 3．(1)ウ (2)面積…20.25 角度…45 ※(3)1926 (4)５：２：１

※の求め方は解説を参照してください。

《解　説》

[1] **1(1)** [写真]より，防風林が家の北西に位置していることから導く。方位は，上が北，左が西，下が南，右が東である。日本では，夏に南東から，冬に北西から季節風が吹く。 **(2)ア** [地図]より，陽子さんの避難経路の標高がほとんど７ｍ以下であるのに対して，お父さんの避難経路の標高が８ｍ以上であることを読み取る。 **イ** ノートの「江戸時代」「御蔵」「米を集めて保管していた」から蔵屋敷を導く。江戸時代の大阪では，舟によって運ばれた年貢米や特産物などが蔵屋敷で保存・販売されていた。諸藩の蔵屋敷が集まっていた大阪は，経済の中心地として「天下の台所」と呼ばれていた。

2(2) イ○…水が沸とうするときの温度は100℃だから，350℃前後の油の中に入れれば，一気に沸とうして水蒸気となり，爆発《ばくはつ》が起こる。 **(3)** 物が燃える条件は，「燃える物があること」，「酸素があること」，「燃える温度になっていること」であり，これらのうち１つでも条件が満たされなければ物は燃えない。水でぬらしたタオルを何枚もかぶせることで，物が燃えるのに必要な酸素が油に届かなくなる。

3(1) ６の目が入る面と１の目が入る面は向かい合う。面Ｅを下の面として展開図を組み立てると，右図のようになる(アルファベットの向きは考えない)。面Ｅと向かい合う面は面Ｂなので，６の目が入る位置は，Ｂである。

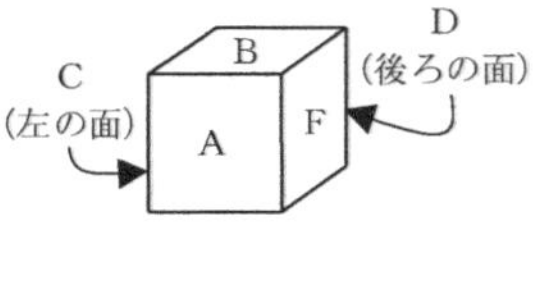

(2) コース全体の道のりを，20と15の最小公倍数である[60]とする。

１分間で進む道のりについて，１人目のドローンは[60]÷20＝[3]，２人目のドローンは[60]÷15＝[4]である。

２台のドローンがすれちがったとき，１人目のドローンは[3]×12＝[36]進んでいるので，２人目のドローンは[60]－[36]＝[24]進んでいる。よって，２人目のドローンは，撮影を始めてから[24]÷[4]＝６(分後)にすれちがっているので，２人目のドローンが撮影を始めた時刻は，午前10時12分－６分＝午前10時６分である。

(3) 問題の資料より，Ａ～Ｂ～Ｃ，Ｃ～Ｄ～Ｅ，Ｅ～Ａ～Ｂ，Ｂ～Ｃ～Ｄ，Ｄ～Ｅ～Ａの順にコースを２周するのにかかる移動時間の目安は，17＋23＋19＋20＋21＝100(分)である。よって，Ａ地点から１周するのにかかる移動時間の目安は，100÷２＝50(分)である。したがって，良太さんの移動時間が 50－45＝５(分)短い。

2　１(1)　ＡとＢでは，図１からＢの方がコイルの巻き数が多いことが分かり，表からＢの方がくぎを引きつける力が強いことが分かる。ＡとＣ，ＡとＤについても，図１と表から分かることをまとめればよい。　(2)　電磁石には，電流を強くするほど鉄を引きつける力が大きくなる性質があるので，とても重い鉄くずでも電流を強くすれば運ぶことができ，電流を流すのをやめるだけで持ち上げた(引きつけた)鉄くずを簡単にはなすことができる。また，磁石につくのは鉄などの一部の金属だけなので，磁石につく金属とつかない金属を分けることができる。

２(1)　イ．征夷大将軍に任命された源頼朝が 1192 年に鎌倉幕府を開き，以後，約 700 年間にわたる武家政治が始まった。　(2)　藤原氏は摂関政治によって勢力をのばした一族であり，藤原道長・頼通親子の頃に最もさかえた。摂政は天皇が幼少だったり女性だったりしたときに天皇に代わって政治を行う役職，関白は天皇が成人した後に政治を補佐する役職である。

３(1)　図３の④の紙を，折ったときとは逆の順番で広げていったときの図をかくと，右図ⅰのようになる。広げたあと 45 度回転させると図ⅱのようになるから，できた飾りの形はウになるとわかる。

図ⅰ
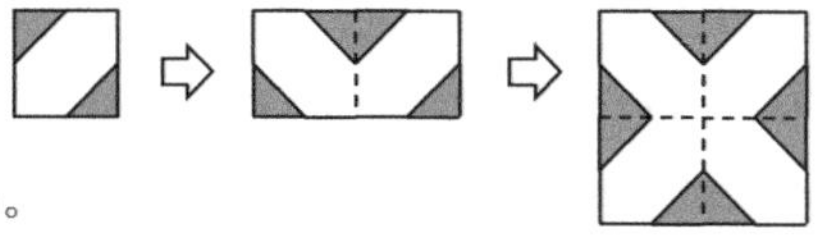

図ⅱ
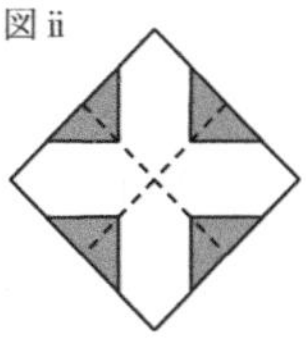

※点線は折ったときの折り目である。

(2)　図３の④に右図ⅲのように記号をおく。この正方形の１辺の長さは18÷２＝９(㎝)なので，三角形ＰＱＲは直角をはさむ２辺の長さが９÷２＝4.5(㎝)の直角二等辺三角形である。求める面積は，三角形ＰＱＲの面積の２倍なので，4.5×4.5÷２×２＝20.25(㎠)
また，直角二等辺三角形の３つの内角の大きさは45度，45度，90度なので，Ｅ＝45度

図ⅲ

(3)　重なる部分の三角形は直角二等辺三角形を２つ合わせてできる右図ⅳのような三角形なので，面積は，(１＋１)×１÷２＝１(㎠)である。三角形が重なる部分の数について，２枚重ねたときは２－１＝１(か所)，３枚重ねたときは３－１＝２(か所)，…となるので，100 枚重ねたときは 100－１＝99(か所)になる。よって，できた飾りの面積は，
20.25×100－１×99＝1926(㎠)

図ⅳ
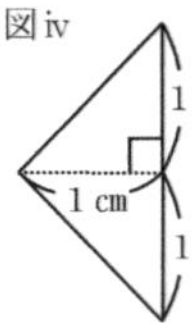

(4)　Ｆ，Ｇ，Ｈについて，それぞれ合計した面積の比は，広げる前と広げた後で変わることはないので，広げる前の図６における面積比を求める。
図６を広げると，右図ⅴのようになる。Ｆは図ⅴの白色部分，Ｇは図ⅴの斜線《しゃせん》部分，Ｈは図ⅴの色つき部分である。図６においてＦ，Ｇ，Ｈを同じようにぬり分けし，全体を８個の合同な直角二等辺三角形に分けると，図ⅵのようになる。Ｆは三角形５個分，Ｇは三角形２個分，Ｈは三角形１個分なので，求める面積の比は，５：２：１である。

図ⅴ
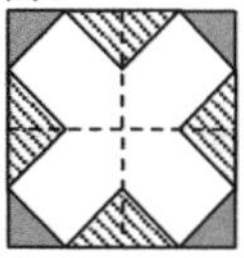

図ⅵ
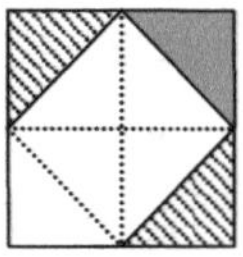

※点線は折ったときの折り目である。

《解答例》

(例文)

私は、相手の考えをよく聞くということを大切にしたいです。なぜなら、自分の見方や考え方が正しいと思いこんでいると、より良い意見を取り入れられなくなるからです。

学校の代表委員会で、一年生をむかえる会の計画をした時のことです。私をはじめ多くの委員は、例年通り、体育館で歌の発表や劇をするものだと思っていました。出し物の内容を決めようとした時、Ａさんから「一年生といっしょにゲームをしながら校内探検をするのはどうでしょうか。」という提案がありました。意外な展開に委員たちがとまどっていると、委員長がＡさんに理由を聞きました。するとＡさんは、「見ているだけでなく参加するほうが、交流が深まると思うからです。主体的に関わったほうが、仲間になったという感じがするのではないでしょうか。」と言いました。Ａさんの考えを聞いて、その通りだと思った委員が多く、そのゲームをすることに決まりました。当日は、例年とはちがう、とても生き生きとした会になりました。

この経験から、異なる考えをよく聞くことの大切さを学びました。活動をより良いものにするために、さまざまな意見に耳をかたむけることを大切にしたいと思います。

《解答例》

1 1．⑴昔は人の手で作業を行っていたが，今は機械で作業を行うことが多くなったため，労働時間が減少した。
⑵あ．水　い．ふっとう　⑶う．低　え．雨
2．⑴5.1　⑵①C　③B　⑶記号…Ⓑ　理由…黒色は白色に比べて温まりやすく，温度が上がるため，水の蒸発がさかんになって，早くかわくから。
3．⑴110　⑵25　※⑶9，10

2 1．5410　2．⑴2364　⑵えらで，血液中に酸素を吸収し，血液中の二酸化炭素を外に出して
⑶い．空気　う．肺　⑷アイナメ…120　イワシ…1120
3．⑴日光が当たることで，自らでんぷんなどの養分をつくるはたらきがあるから。
⑵カツオ…カツオがえさとするイワシの数が減るため，カツオの数が減る。
動物プランクトン…動物プランクトンを食べるイワシの数が減るため，動物プランクトンの数が増える。
4．⑴つくり育てる漁業　⑵保存性にすぐれている。／安全性にすぐれている。
⑶ア．輸送の時の二酸化炭素の排出量が多くなるから。　イ．なるべく身近なところでとれたものを食べる。

※の求め方は解説を参照してください。

《解　説》

1 1⑴ グラフ1から，同じ耕地面積(10ａ)における労働時間でも，平成28年は昭和31年の７分の１ほどに短縮したことを読み取り，写真1と写真2から，人の手によって行われていた田植えが機械で行われるようになったことに関連付けて考える。

⑵ あ．米は釜《かま》の中で水につかっているので，米が吸収するものは水である。中心部にあるでんぷんにまで水を吸収させておくことで，中心部がかたくならず，米粒《つぶ》全体がやわらかくなる。い．液体が内部から気体に変化することをふっとうという。これに対し，液体が表面から気体に変化することを蒸発という。水がふっとうするのはふつう100℃だが，蒸発は100℃にならなくても起こっている。

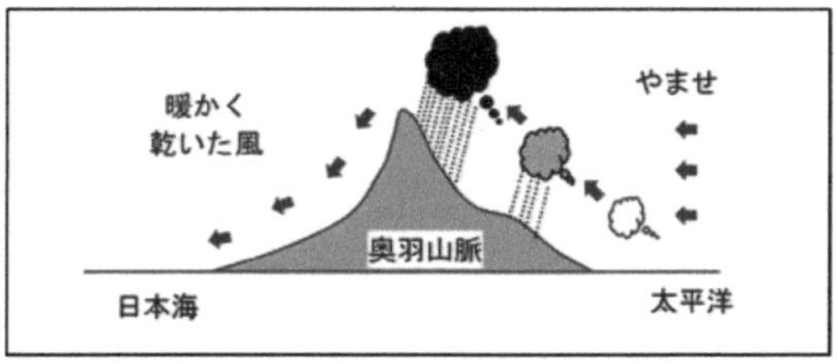

⑶ 図1より，やませによって，海上で発生した水蒸気が東北地方の太平洋側に流されることを読み取り，その後奥羽山脈にぶつかって雨を降らせることを導く。一方で日本海側ではフェーン現象(水蒸気を含む空気が山を越えたときに，山の風下側の気温が上昇する現象)が起こり，太平洋側よりも気温が高くなりやすい(右上図参照)。やませが吹くと，濃霧が発生して日照時間が短くなり，気温が十分に上がらなくなることから，農作物の生長がさまたげられる冷害が発生しやすい。

2⑴ Tシャツ２枚の重さが150＋150＝300(ｇ)→0.3㎏だから，必要な水の量は0.3×15＝4.5(㎏)→4.5Lである。したがって，必要な洗ざいの量は3.4(ｇ)×$\frac{4.5\text{L}}{3\text{L}}$＝5.1(ｇ)である。

⑵ この実験では，洗ざいを水にとかす前の洗ざいと水の重さの合計が，洗ざいを水にとかした後の洗たく液の重さと比べてどのように変化するかを調べることで，洗ざいがなくなったかどうかを確かめようとしている。したがって，洗ざいと水が入った洗いおけがあるCが，洗ざいを水にとかす前の重さ(①)であり，洗たく液が入った洗い

おけと空の容器があるBが，洗ざいをとかした後の重さ(③)である。Eのように，空の容器をのせないと，容器の重さによるちがいが出てしまい，正しい結果が得られない。

(3)　黒は光を吸収しやすい色で，吸収された光のエネルギーは熱のエネルギーに変化するので，黒色のTシャツの方が温度が上がりやすい。これに対し，白は光を反射しやすい色である。

3(1)　勉強を終える時刻は，8時20分＋1時間30分＝9時50分だから，プールに着く時刻は，9時50分＋20分＝9時70分＝10時10分である。よって，プールに使える時間は，12時－10時10分＝11時60分－10時10分＝1時間50分＝(60＋50)分＝110分である。

(2)　太郎さんはいとこよりも25－19＝6(日)はやく読み終えるから，いとこが6日間で読んだページ数は，太郎さんが19日間でいとこよりも多く読んだ6×19＝114(ページ)に等しい。したがって，いとこは1日に114÷6＝19(ページ)読んだから，太郎さんは1日に19＋6＝25(ページ)読むとわかる。

(3)　1小節目から4小節目までで，手拍子は1＋1＋2＋1＝5(回)であり，1番に4×4＝16(小節)あるから，1番でする手拍子は$5\times\frac{16}{4}$＝20(回)である。したがって，172÷20＝8余り12より，172回目の手拍子は8番が終わった後の12回目の手拍子だから9番とわかる。また，12回目の手拍子は，12÷5＝2余り2より，4小節を2回くり返した後の2回目の手拍子だから，4×2＋2＝10(小節目)とわかる。よって，9番の10小節目である。

2　1　お父さん，お母さん，高校生のお兄さんの3人は大人料金で，中学生の黎さんと小学生の妹の2人は小人料金である。前売り券の料金は，大人が1500×(1－0.1)＝1350(円)，小人が800×(1－0.15)＝680(円)だから，求める金額は，1350×3＋680×2＝5410(円)である。

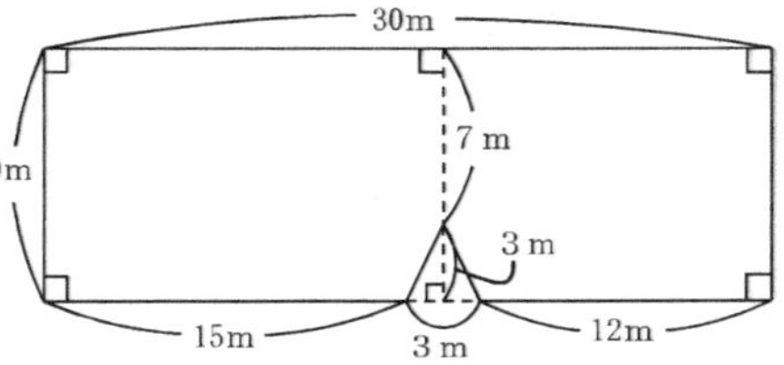

2(1)　水槽の底面を右図のような長方形から三角形をのぞいた図形とすると，高さが8mの柱体である。右の図形の面積は，10×30－3×3÷2＝295.5(m^2)だから，水槽の容積は，295.5×8＝2364(m^3)である。

(2)　ヒトは，肺で，血液中に酸素を吸収し，血液中の二酸化炭素を外に出している。これと同じ気体の交換《こうかん》が，魚類のえらで行われている。

(3)　イルカはヒトと同じ哺乳《ほにゅう》類であり，肺で呼吸をしている。したがって，イルカの頭の上の方にある穴は鼻であり，ここから空気を出し入れしている。

(4)　最初の解説員のセリフから，マダイは30匹いるとわかる。アイナメとマダイの数の比が4：1だから，アイナメは$30\times\frac{4}{1}$＝120(匹)，アイナメとサバの数の比が3：8だから，サバは$120\times\frac{8}{3}$＝320(匹)，イワシとサバの数の比が7：2だから，イワシは$320\times\frac{7}{2}$＝1120(匹)いる。

3(1)　植物の仲間は，緑色の部分に日光が当たると，水と二酸化炭素を材料にして，養分であるでんぷんと酸素をつくり出す。このはたらきを光合成という。

(2)　ある生物の数が減ると，ある生物を食べる生物はえさが不足するので減り，ある生物に食べられる生物は食べられる数が減るので増える。

4(1)　つくり育てる漁業には，大きくなるまで人の手で育てる養殖漁業と，人工的に育てた稚魚などを放流する栽培漁業があることを覚えておこう。

(2)　資料2から，魚のかんづめが，空気を抜いた真空の状態で加熱殺菌されるため，食中毒の原因になる恐れがないこと，腐敗せずに長期間保存できることを読み取る。

(3)ア　食料を外国から船や飛行機で運ぶと二酸化炭素の排出量が増えて，地球温暖化の原因となる。　イ　その地域で生産した農産品を地元の人々が消費することを「地産地消」と言う。地産地消によって，生産者と消費者との距離が近くなり，フードマイレージが減少するだけでなく，消費者が安心して農産物を購入できるようになる。また，地元の人々が地元の農家がつくった農産品を買えば，その地域のお金は他の地域に流出することなく，地域内で循環するといった利点もある。

宮城県古川黎明中学校　2019 平成31年度　作文

《解答例》

私は、「話し合い」で大切なことは、人の話を最後まで聞くことと、少数意見も大切にすることだと思う。なぜなら、そうすれば、だれもが自分の意見を発表しやすいふん囲気になると思うからだ。

六年生になってすぐに、手つなぎ遠足の計画を立てる話し合いをした。話し合いが終わってからＡさんが、一年生に手作りプレゼントをわたすという意見を発表したかったが、できなかったと言った。そのわけを聞くと、以前、自分の意見を発表していると中で「反対！」と言われていやな思いをしたことがあるし、多数決になれば、どうせクラスの人気者の意見が通るからと言った。私は、Ａさんのように感じる人がいるということは、このクラスの話し合いには問題があると思った。他にも、いい意見をもっているが、発表できない人がいるのかもしれない。これをきっかけに、この二つの約束を守って話し合いをしようと呼びかけた。今では、自分の意見を発表しやすいふん囲気になったし、いろいろな意見を出し合い、ぶつけ合い、練り上げることで、よりよいものが生まれる話し合いができるようになった。

宮城県古川黎明中学校　2018 平成30年度　総合問題

《解答例》

1　1．(1)住宅用太陽光発電導入件数は年々増えている。しかし，年間発電電力量の割合をみると，水力を除く再生可能エネルギーの割合は 2.2%しかない。太陽光発電は，この 2.2%の中にふくまれており，住宅用の太陽光発電の導入は増えていても，太陽光発電による年間発電電力量は少ない。　(2)風力発電や太陽光発電は，自然条件によって発電量が左右されやすい。　(3)エネルギー資源の少ない日本は，その多くを海外からの輸入にたよっており，エネルギー自給率は6.1%と少ない。

2．(1)台風が来て大雨が降ったことで，川の水の量が増えるとともに水の流れが速くなり，流れる水のはたらきのうち運搬する力が強くなったことが関係している。　(2)川の曲がっているところでは，外側の方が流れる水のはたらきで地面をけずるはたらきが大きくなるので，川岸がけずられたりくずれたりすることを防ぐため。　(3)植物を育ちやすくすることで，魚類の生息量が減ることをおさえる効果がある。

3．(1)490

(2)歩行／求め方…平日　3.0(メッツ)×$\frac{1}{2}$(時間)×５(日)＝7.5 メッツ・時…①

土曜日　$3.0\times\frac{1}{2}+3.5\times\frac{4}{5}+6.0\times\frac{1}{3}+3.5\times\frac{1}{5}=7.0$ メッツ・時…②

日曜日　$4.5\times\frac{1}{3}+3.5\times\frac{4}{5}+6.0\times\frac{1}{6}+3.5\times\frac{1}{5}=6.0$ メッツ・時…③

①～③より，お父さんの１週間の身体活動量は，

7.5(平日)＋7.0(土曜日)＋6.0(日曜日)＝20.5 メッツ・時となり，基準の 23.0 メッツ・時より 2.5 メッツ・時少ない。平日５日間で 2.5 メッツ・時とするには，１日あたり 0.5 メッツ・時の身体活動を昼休みに毎日続ければよい。

昼休み 10 分間で 0.5 メッツ・時になる生活活動は，3.0 メッツの活動で，歩行又は台所の手伝いである。歩行または台所の手伝いのうち，職場でできる生活活動は，歩行である。

2　1．(1)直線(あ)の長さ…52.9

求め方…半円の部分は 30×3.14÷２×２＝94.2

トラック１周は 200mだから 200－94.2＝105.8

よって 105.8÷２＝52.9

(2)海岸沿いの地域では，津波の発生が予想される。津波の被害にあわないように，いち早く高い場所に避難する必要があるので，高いところに設置された高速道路が避難場所に指定されている。

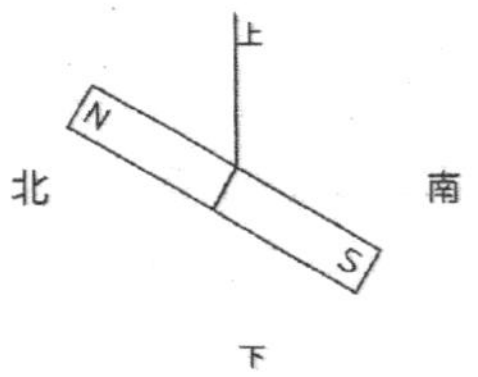

2 3(4)の図

2．(1)11800　(2)カボチャ…400　小麦粉…560　砂糖…240

3．(1)①　(2)①地球儀の赤道上に紙テープをはり付け，切る。

②次に東京・シドニー間に紙テープをはり付け，切る。

③赤道１周の長さの紙テープに東京・シドニー間の長さの紙テープをあててみると，４万kmの約何分の１であるかが分かり，東京・シドニー間のおおよその直線距離が分かる。

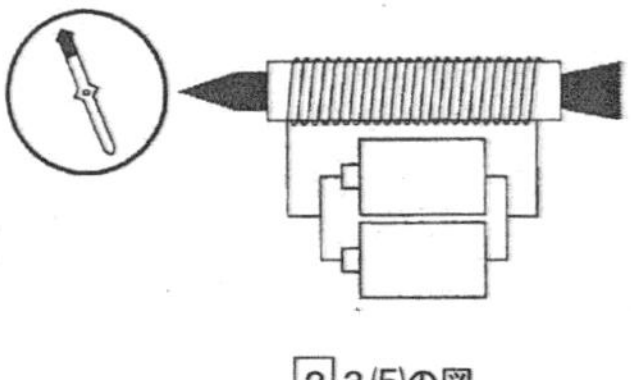
2 3(5)の図

(3)南東　(4)右図　(5)右図

《解　説》

[1] 1(1) グラフ１からは，太陽光発電を導入している住宅が年々増加していることを読み取る。一方で，グラフ２からは，太陽光発電による発電電力量が，わが国の総電力量のごくわずかであることを読み取る。

(2) 太陽光発電は，夜間が雨天・曇天時に発電量が落ちたりなくなったりする。風力発電は，風があるかないかで発電量が変化するため，安定しない。

(3) 日本は，発電に必要な石油，石炭，天然ガスなどのエネルギー資源を輸入に依存していること，他の先進国に比べてエネルギー自給率が極めて低いことを読み取る。

2(1) 流れる水には，しん食(けずるはたらき)，運搬《うんぱん》(運ぶはたらき)，たい積(積もらせるはたらき)の３つのはたらきがある。流れの速さが速く，水の量が多いほど，しん食と運搬のはたらきが盛んである。つぶが小さいほど流されやすく，大きな石からたい積していく。よって，大雨で水の量が増えて流れが速くなったため，上流でたい積していた大きな石が下流まで運搬されたと考えられる。

(2) 川が曲がって流れているところでは，外側の方が流れが速いのでしん食されてがけになり，外側より流れのゆるやかな内側は，たい積が盛んなため川原になる(右図)。　(3) 図２とグラフ３から，自然のようすに近いほど，魚類の生息量が多いことがわかる。

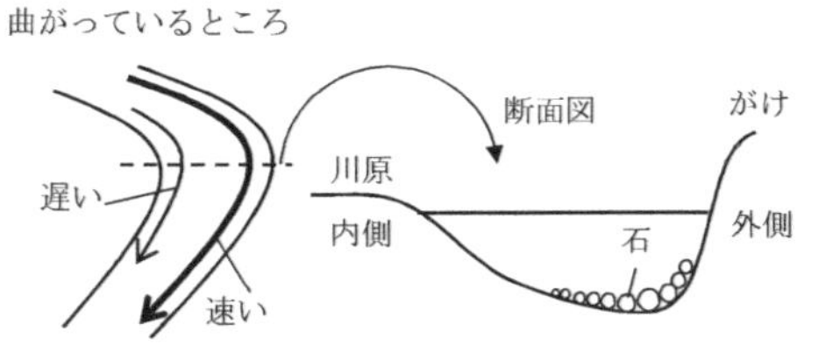

3(1) １時間＝60分だから，30分＝$\frac{30}{60}$時間＝$\frac{1}{2}$時間，48分＝$\frac{48}{60}$時間＝$\frac{4}{5}$時間，20分＝$\frac{20}{60}$時間＝$\frac{1}{3}$時間，12分＝$\frac{12}{60}$時間＝$\frac{1}{5}$時間である。体重70.0kgのお父さんが，台所の手伝い(3.0メッツの身体活動)で，30分活動したので，$3.0\times\frac{1}{2}\times70=105$(kcal)のエネルギー消費量とわかる。同じように他の活動についてもエネルギー消費量を求めると，庭の草むしりは$3.5\times\frac{4}{5}\times70=196$(kcal)，軽いジョギングは$6.0\times\frac{1}{3}\times70=140$(kcal)，風呂掃除は$3.5\times\frac{1}{5}\times70=49$(kcal)となる。よって，合計は$105+196+140+49=490$(kcal)である。

(2) (1)の解説をふまえる。15分＝$\frac{15}{60}$時間＝$\frac{1}{4}$時間だから，平日の歩行による通勤時間の合計は($\frac{1}{4}\times2$)時間＝$\frac{1}{2}$時間となる。平日の昼休みに行う１日分の身体活動の時間は10分＝$\frac{10}{60}$時間＝$\frac{1}{6}$時間である。

平日５日間で2.5メッツ・時とするには，１日あたり$2.5\div5=0.5$(メッツ・時)とすればよいので，表２の$0.5\div\frac{1}{6}=3.0$(メッツ)の活動を選べばよい。

基準と比べる計算は3.0メッツ以上の身体活動なので，1.0メッツの「座って仕事」は計算に入れない。

[2] 1(1) トラックの曲線部分と直線部分に分けて考える。曲線部分は円の円周から求められる。

(2) 高速道路は，ほかの道路と交差しないように高いところにつくられることが多い。2011年の東日本大震災で津波による被害が大きかったことを受けて，海沿いの高速道路を避難場所に指定する動きが広まっている。

2(1) ５区画の合計の収穫量は，$12000\times5=60000$(kg)である。Ａ以外の４区画分の田からの収穫量は$11600+12300+12200+12100=48200$(kg)なので，Ａの収穫量は$60000-48200=11800$(kg)である。

(2)　5：7：3を100倍にしたとき，500：700：300となる。これより，カボチャを500g，小麦粉を700g，砂糖を300gとすると，小麦粉と砂糖は足りるが，カボチャが足りないとわかる。よって，カボチャを400g全て使ったとき，一番多くの材料を使える。400÷5＝80より，小麦粉は7×80＝560(g)，砂糖は3×80＝240(g)使う。

3(1)　2つの灯台の位置関係と，右にカーブした灯台までの岬の形から①と判断する。

(2)　地球儀は，地球上の実際の距離の割合が正しく表されている。

(3)　1回転で360度回転する。真北が36，真北から時計回りに90度回転した真東が9，180度回転した真南が18，270度回転した真西が27だから，14は真北から時計回りに140度回転したことを表していると考えられる。真北から時計回りに140度回転したときの方位はほぼ南東だから，この滑走路は南東を向いている。

(4)　地球は，北極付近にS極，南極付近にN極がある巨大な磁石になっている。磁石には異なる極どうしは引き合い，同じ極どうしはしりぞけ合うという性質があるため，方位磁針のN極は(北極付近のS極に引きつけられて)北を，S極は(南極付近のN極に引きつけられて)南を指す。磁石のまわりに砂鉄をまくと，右図のような模様が現れる。まわりに方位磁針を置くと，この模様にそうようにN極やS極は傾《かたむ》く。図の矢印は方位磁針のN極の指す向きを表している。棒磁石を地球にあてはめると，北半球では，方位磁針のN極が下に傾き，南半球では方位磁針のS極が下に傾く様子がイメージできるだろう。この傾く角度は極付近に近づくほど大きくなる。

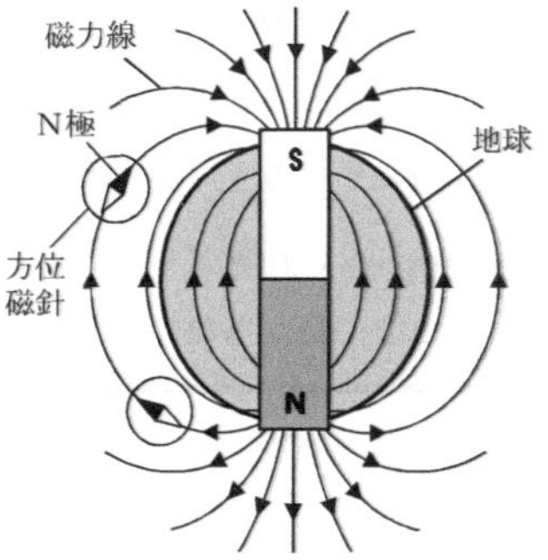

(5)　電磁石には，流れる電流の向きを反対にすると電磁石の極が反対になり，流れる電流が大きいほど磁石のはたらきが大きくなるという性質がある。また，乾電池《かんでんち》を直列につなぐと乾電池の数に比例して回路を流れる電流が大きくなるが，乾電池を並列に何個つないでも回路を流れる電流の大きさは1個のときと変わらない。よって，乾電池の向きを図5と逆にして，2個の乾電池を並列につないだ図をかけばよい。

《解答例》

（例文）

知らないことや分からないことがあったとき、私は、できるだけ、自分で調べて解決するようにしています。

低学年の時は、知らないことや分からないことがあると、なんでも両親や先生に聞いていました。しかし、図書室での調べ学習を経験してから、まずは、自分で調べるようになりました。学校の図書室で解決しなかったときは、市立図書館に行くこともあります。両親に手伝ってもらって、インターネットで情報を集めることもあります。

だから、自分で調べることは、遠回りになることもあります。しかし、苦労して自分で調べたことは、忘れないし、よく身につくということを経験から学びました。

知識を身につけるきっかけは、なぜだろうという疑問を持つことだと思います。そのためには、たくさん本を読んだり、新聞を読んだり、経験をしたりして、常にいろいろなことに好き心をもつことが必要だと思います。そして、たくさんの知らないことや分からないことを一つ一つ解決して、知識としてたくわえることにつなげていきたいと思います。

宮城県古川黎明中学校　2017 平成29年度　総合問題

《解答例》

1　1．(1)世界各国から訪れるオリンピックに参加する選手たちが、選手村などへより短い時間で移動できるようにするため。　(2)ア．1955 年と 1985 年を比較すると、舗装道路の長さがのび、自動車の貨物輸送量が増えている。また、線路の長さはのびているが、鉄道の貨物輸送量は減っている。　イ．貨物を工場やお店などに輸送するとき、鉄道では、直接輸送できないが、自動車は、直接輸送できるという利点がある。

2．(1)①　(2)ア．太陽と月の位置関係が毎日少しずつ変わるので、太陽の光が当たって明るく見える部分が、少しずつ変わる　イ．④

3．(1)全部…11　㋕の「しき方」…4　(2)20

(3)127／求め方…それぞれの周でしきつめるのに使った工芸品の枚数は、1周目のときは6枚、2周目のときは12枚、3周目のときは18枚、…のようになっていて、□周目のときは□×6枚を使っていることになる。
だから、最初に置いた工芸品をふくめた、しきつめたすべての工芸品の枚数は
1＋(1×6)＋(2×6)＋(3×6)＋(4×6)＋(5×6)＋(6×6)＝127枚

2　1．(1)記号…C
理由…円周率を 3.14 とすると、外周コースの長さは、(600×3.14)÷2＝942(m)
遊歩道コースの長さは、(300＋200＋100)×3.14÷2＝942(m)
よって、外周コースの長さと遊歩道コースの長さは同じだから。

(2)身分の仕組みをつくり、百姓を農業などに専念させることで、年貢による収入を安定させる。

(3)田畑の広さやそこから収穫される米などの生産高、耕作している人物についての情報が必要である。

2．(1)73　(2)20

3．(1)3つのビーカーの水溶液に、ストローで息をふきこみ、水溶液が白くにごったものが石灰水である。

(2)「食塩水」と「ミョウバンの水溶液」の入ったビーカーを同時に冷やしていき、とけていたものが先にでてきた方が「ミョウバンの水溶液」である。

(3)水の量…174
説明…60℃の水 50mL には、28.7ｇのミョウバンがとける。ミョウバンのとける量は水の量に比例するので、100ｇのミョウバンをとかすには、50mL×(100ｇ÷28.7ｇ)の水が必要となる。

《解　説》

1　**1(1)**　地図から，首都高速道路が東京国際空港(羽田空港)・国立競技場・オリンピック選手村を結んでいることがわかる。このことから，首都高速道路が建設された理由の一つに，東京国際空港に降り立った選手らが，オリンピック選手村や国立競技場に移動しやすくするということがあったと判断する。

(2)ア　鉄道の貨物輸送量は約 40%にまで減少した一方で，自動車の貨物輸送量は約9倍に増加した。また，線路の長さは約 1.1 倍に増加し，舗装道路の長さは約 11.7 倍に増加した。

イ　自動車による貨物輸送の利点として，「道さえあれば基本的にどこにでも輸送できる」ことを押さえておこう。自動車輸送による貨物輸送の欠点は，「輸送量が少ないこと」「二酸化炭素を多く排出すること」などがあげられる。

鉄道による貨物輸送の利点は「輸送にかかるコストを安く抑えられること」「大量輸送ができること」「二酸化炭素の排出量が少ないこと」などがあり，欠点は「駅から駅までしか移動できないこと」などがあげられる。

2(1)　月は，新月→三日月(新月の３日後)→上弦の月(新月の約７日後)→満月(新月の約 15 日後)→下弦の月(新月の約 22 日後)→次の新月(新月の約 30 日後)の順に満ち欠けする。８月６日の月は三日月だから，その４日後には上弦の月が見えると考えられる。上弦の月は，午後６時ごろに南の空に見えるので，図３の西の空から①の方向へ移動したと考えられる。なお，月の出は毎日約 50 分ずつおそくなることからも，月を同じ時刻に観察すると，西から東へ動いていくことがわかる。

(2)　ア．月は太陽の光を反射して光って見える。月は地球のまわりを公転しており，地球は太陽のまわりを公転しているので，地球から見る月と太陽の位置関係は変化していく。これにより，月は約 30 日(29.5 日)を周期に満ち欠けする。イ．上弦の月の約７日後に満月になるので，上弦の月の 10 日後(満月の 10－７＝３日後)には，満月が少し欠けた形になる。満月から次の新月までの間は，月の右側から順に光る部分が欠けて小さくなっていくので，満月の３日後には，右側が少しだけ欠けた④の月になる。

3(1)　まず，６畳の部屋を右図アのようにＡとＢの３畳ずつに分けて考える。Ａへのしき方は図６の３通りがあり，その１通りに対して，Ｂへのしき方も３通りあるから，図アのように分ける場合のしき方は，３×３＝９(通り)ある。図アのように分けない場合のしき方は，右図イとウの２通りがある。よって，しき方は全部で，９＋２＝11(通り)ある。そのうち㋕のようなしき方は，右図イとウとエとオの４通りである。

図ア

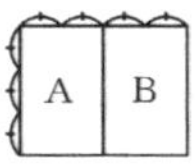

図イ

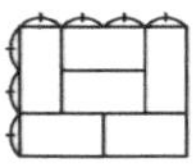

図ウ

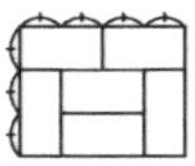

図エ

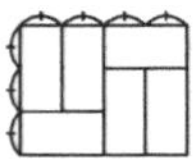

図オ

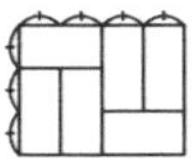

(2)　縦の辺と平行な直線にそって１回切ると，たたみは横に２個に分けられ，さらに縦に１回切るごとに，横に分けられる個数は１個ずつ増える。つまり，たたみは横に，{(縦に切った回数)＋１}個に分けられる。横の辺と平行な直線にそって切る場合も同様になるので，分けられた個数は，{(縦に切った回数)＋１}×{(横に切った回数)＋１}で求められる。したがって，分けられた個数は右表の４通りが考えられ，最大で 20 とわかる。

縦と横に切った回数の組み合わせ	分けられた個数
０回と７回	１×８＝８
１回と６回	２×７＝14
２回と５回	３×６＝18
３回と４回	４×５＝20

2　**1**(2)　豊臣秀吉が進めた太閤検地や刀狩などによって，武士と農民の身分差がはっきりと区別されるようになり，兵農分離が進んだ。

(3)　年貢を確実に納めさせるため，秀吉は太閤検地で検地帳に田の「場所」・「等級」・「面積」・「石高」・「耕作者」などを記すように命じた。

2(1)　６ｍおきと９ｍおきでは６ｍおきの方が木の本数は多くなる。６ｍおきに植えた木を右端から 20 本取ってしまうと，木の端から端までの長さは６×20＝120(ｍ)短くなり，木の本数は９ｍおきの場合と同じになる。さらに，木の間隔を９－６＝３(ｍ)ずつ長くすると，全部で 120ｍ長くなるはずだから，木と木の間隔は 120÷３＝40(かしょ)あるとわかる。したがって，道の長さは９×40＝360(ｍ)である。ここに５ｍおきに木を植えると，木と木の間隔が 360÷５＝72(かしょ)できるから，１＋72＝73(本)の木が必要である。

(2)　お父さんゾウは３＋１＝４(秒)ごとに，お母さんゾウは２＋１＝３(秒)ごとに，子どものゾウは１＋１＝２(秒)ごとに１回水を噴き出す。４と３と２の最小公倍数は12だから，12秒ごとに３頭のゾウは同じ水の噴き出し方をする。12秒間の噴き出し方は右図のようになり，12秒のうち４秒間は３頭が同時に噴き出しているとわかる。１分＝60秒，60÷12＝５だから，１分間に右図の噴き出し方を５回くり返すので，求める時間は，４×５＝20(秒)

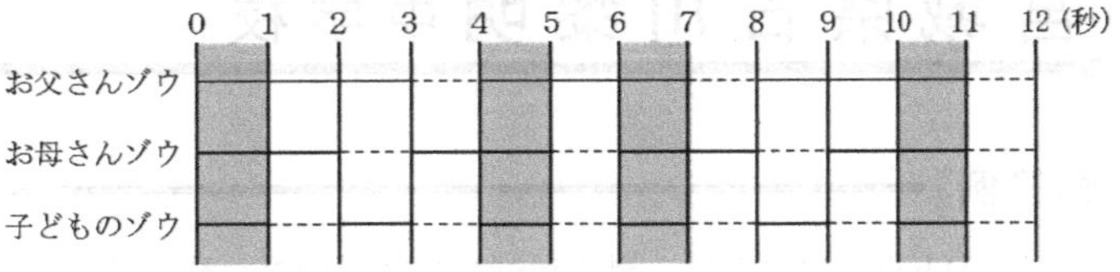

――は噴き出している時間，----は止まっている時間を表す。
また，色がついている部分は，３頭が同時に噴き出している時間である。

３(1)　石灰水に二酸化炭素を通すと白くにごる。ヒトがはく息には二酸化炭素が多くふくまれているので，はく息をストローを使って水溶液にふきこむことで，石灰水だけを見分けることができる。

(2)　表より，水 50mL にとかすことのできる食塩の量は水の温度によってほぼ変わらないが，ミョウバンは水の温度が低くなるほどとかすことのできる量が少なくなることがわかる。50mL の水にミョウバンは０℃では2.9ｇ，20℃では5.7ｇとかすことができるので，水溶液の温度を下げていくと，０℃と20℃の間でミョウバンのつぶが出てくると考えられる。

宮城県古川黎明中学校　2017 平成29年度　作文

《解答例》

(例文)

私は運動が苦手で、逆上がりができませんでした。しかし、体育の逆上がりのテストがきっかけになり、克服することができました。

逆上がりのテストがあると知った時、自分には絶対に無理だと思って、暗い気持ちになってしまいました。しかし、そのことを父に話すと、絶対にできるようになるとはげましてくれました。そこで、とにかく精いっぱい努力してみることにしました。逆上がりをするために、どんな練習が必要なのかを調べると、うでの力が重要であることがわかりました。そこで、鉄棒での練習に加えて、毎日、うで立てふせをして、うでの筋力をきたえることにしました。すると、しだいに、補助があれば体を鉄棒にひきつけて回ることができるようになっていきました。そして、ある日、一人で逆上がりができるようになったのです。その時は、よろこびの気持ちでいっぱいになりました。苦手だと思っていることができるようになると、大きな達成感があります。また、あきらめずに、努力すれば結果を出すことができるという自信も得られます。苦手だからとちょう戦しないと何も得られません。だから、苦手を克服することは大切だと思います。

《解答例》

1　1．(1)トウモロコシは，風で飛ばされた花粉が，めしべの先について受粉するので，近づけて植える方が，受粉しやすくなるから。　(2)雑草によって，トウモロコシが成長するために必要な，土の中の養分がうばわれないようにするため。／伸びてきた雑草の葉によって，トウモロコシに十分な光が当たらなくなるのを防ぐため。　(3)種子の中にふくまれているでんぷんは，発芽と発芽後数日間の成長のための養分となるが，この部分が大きく欠けていたので，必要な養分が不足して，成長が止まった。

2．(1)外国の沿岸から 200 海里内の海での漁が制限されるようになったから。〔別解〕水産資源を保護するため，魚をとる量が制限されるようになったから。　(2)天候や，天然の水産資源の減少に左右されにくく，計画的に生産することができる。　(3)産地や生産者を消費者に知らせることで，消費者に安心して商品を買ってもらうことができる。

3．(1)ア．20　イ．16　ウ．12　(2)理由…ベルトコンベアの動く向きとロボットの歩く向きが逆で，それぞれの進む速さが同じだから。　数…4

2　1．(1)ア．0，2，4，6，8　イ．じゃがいも…4　にんじん…3　たまねぎ…6

(2)Bの方が，まきとまきの間にすきまがあって，まきが燃えるために必要な空気が通りやすいから。

2．(1)ア．魚などをにて食べる　イ．季節によってたくさん手に入る食べ物は，そのときに食べる分以上に手に入れて，時間がたってからも食べられるように，加工するなどしてたくわえていた。

(2)ア．7.85

イ．答え…3，20

求め方…黎さん以外の4人のかかった時間の合計は，57＋43＋65＋40＝205(分)。

明さんのかかった時間が，5人のかかった時間の平均より短かかったとすると，黎さんのかかった時間は，57×5－205＝80(分)より長く，黎さんがまが玉を完成させた時刻は，午後2時から80分過ぎた午後3時20分より後であったことになる。

3．(1)車を走らせる向きによって，光電池に当たる太陽の光の強さが変わることで，発生する電流の大きさも変わるから。　(2)変化…モーターの回転する向きが逆になる。　理由…回路に流れる電流の向きが変わるから。

《解　説》

1　1．(1)　めしべの先たん(柱頭《ちゅうとう》という)におしべでつくられた花粉がつくことを受粉といい，受粉が行われると，種子ができる。トウモロコシは1つの株にめしべだけをもつめ花とおしべだけをもつお花がさくが，め花とお花のさく時期が少しずれているので，ふつうめ花は別の株のお花でつくられた花粉で受粉する。このため，近づけて植える方が，めしべに別の株の花粉がつきやすい。なお，トウモロコシのように，花粉が風で運ばれて受粉が行われる花を風媒花《ふうばいか》という。

(3)　トウモロコシの種子で，でんぷんがふくまれている部分を胚乳《はいにゅう》という。

2．(1)　遠洋漁業とは，拠点とする港から遠く離れた海域で行う漁業のことで，解答にある「外国の沿岸から 200 海里内の海」とは，排他的経済水域のことである。この水域内では，沿岸国が水産資源・鉱産資源を優先的に開発・管理することができる。1970 年代後半から各国が排他的経済水域を設定し始めたことで，ほかの国の経済水域内にあたる海洋で行う漁業が制限されるようになり，日本の遠洋漁業は衰退した。

⑵　養しょく業は，卵からかえした稚魚を，いけすなどの施設で出荷まで育てる漁業である。そのため，数や大きさなどを生産者の手で管理することができ，安定した生産量を保つことができる。

⑶　商品の産地や生産者などが追跡できるしくみを，トレーサビリティという。ＢＳＥ問題や食品偽装問題などを受けて，特に食品業界において注目されている。日本では，牛肉・米などについてトレーサビリティが義務づけられており，他の農水産物についても全国で導入が進んでいる。

3．⑴ア．ベルトコンベアは動かないから，ロボットは１秒間に２歩動いて，20×２＝40(cm)進む。
８ｍ＝(100×８)cm＝800 cmだから，求める時間は，800÷40＝20(秒)

イ．ロボットは１秒間に２歩動いて自分で 40 cm進み，さらにベルトコンベアによって１秒間に 10 cm運ばれるから，合わせて１秒間に 40＋10＝50(cm)前進する。よって，求める時間は，800÷50＝16(秒)

ウ．ロボットが 25 秒でＢに着くためには，１秒間に 800÷25＝32(cm)前進すればよい。ロボットは１秒間に１歩動いて自分で 20 cm進むから，ベルトコンベアによって１秒間に 32－20＝12(cm)運ばれればよい。

⑵　ベルトコンベアが１秒間に 80 cm動くとき，ロボットも１秒間に 80 cm進めばよいので，１秒間に 80÷20＝４(歩)動けばよい。

2　1．⑴ア．一の位にだけ注目すればよいので，64 の一の位の４に１から順に整数をかけていくと，
４×１＝４，４×２＝８，４×３＝12，４×４＝16，４×５＝20，…となる。
このあとも一の位は４，８，２，６，０という数をくりかえすので，求める数は，０，２，４，６，８

イ．じゃがいもの代金の一の位は必ず０になるから，にんじんの代金とたまねぎの代金の一の位の数の和は９になる。したがって，⑴アより，にんじんの代金の一の位は５，たまねぎの代金の一の位は４とわかる。

にんじんの代金の一の位が５となるのは，にんじんの個数が奇数《きすう》のときである。
たまねぎの代金の一の位が４となるのは，64×１＝64，64×６＝384，64×11＝704 より，たまねぎの個数が１個，６個，11 個のいずれかのときである。
たまねぎの個数が１個の場合，じゃがいもとにんじんの代金の合計は 889－64＝825(円)であり，にんじんの個数ごとにじゃがいもの代金を計算すると，右表１のようになる。じゃがいもの代金に 70 の倍数はないので，この場合は問題にあわない。
同様にして，たまねぎの個数が６個の場合，11 個の場合それぞれについて，右表２，３をつくる。じゃがいもの代金が 70 の倍数になるのは，表２でにんじんが３個のときだけである。
よって，求める個数は，じゃがいも 280÷70＝４(個)，にんじん３個，たまねぎ６個である。

表１(たまねぎが１個の場合)

にんじんの個数	じゃがいもの代金
１個	750 円
３個	600 円
５個	450 円
７個	300 円
９個	150 円

表２(たまねぎが６個の場合)

にんじんの個数	じゃがいもの代金
１個	430 円
３個	280 円
５個	130 円

表３(たまねぎが 11 個の場合)

にんじんの個数	じゃがいもの代金
１個	110 円

(2)　まきが燃え続けるには新しい空気(酸素)が必要である。Aのようにまきを組むと，空気がまきとまきの間を通りにくく，火がつきにくい。まきに火をつけやすくするには，まきが空気とふれる面積を大きくし，燃えた後の空気が上にのぼって行き，新しい空気が下から入ってくるような通り道をつくればよい。

2．(1)　ア．縄文時代には，縄文土器を使って，狩り・漁で得た食料を保存したり，食料を煮炊きしたりしていた。弥生時代になると，縄文時代の土器よりも薄くてかたい弥生土器がつくられるようになった(右図参照)。

縄文土器

弥生土器

イ．図2から，木の実・山菜・木の芽の採集は春・秋に特に仕事量が多く，狩りは冬・春に特に仕事量が多いことがわかる。そして，採集や狩りの仕事量が比較的少なくなる夏には，春に得た食料を保存するための土器をつくったり，食料を塩漬けにして長く保存するのに必要な塩をつくったりしていたことがわかる。縄文時代の人々は，植物の旬や動物の活動時期に合わせて，効率的な生活を送っていた。

(2)ア．色のついた部分の一部は，右図のように面積を変えずに移動できる。

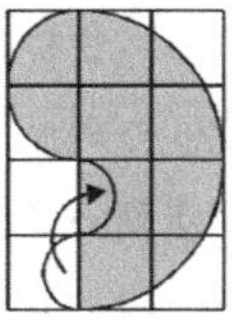

よって，求める面積は，半径2cmの半円と半径1cmの半円の面積の和に等しく，

$2\times2\times3.14\div2+1\times1\times3.14\div2=(2+0.5)\times3.14=2.5\times3.14=7.85$(cm²)

3．(1)　光電池の太陽光パネルの面と太陽の光がなす角度が90度に近いときほど，モーターに流れる電流が強くなり，車は速く走る。正午ごろの太陽はほぼ真南にあるので，光電池の太陽光パネルの面が南を向いている黎さんの車の方が速く走る。

(2)　電流は光電池の＋極から出て－極に向かって流れる。図7で，どう線A，Cにつないだ状態では，電流はモーターの左のたんしに流れこみ，右のたんしから出て行く。これに対し，どう線B，Dにつないだ状態に切りかえると，電流はモーターの右のたんしに流れこみ，左のたんしから出て行くことになるので，モーターの回転する向きが逆になる。

宮城県古川黎明中学校　2016 平成28年度　作文

《解答例》

(例文)

　私が「よりよくしたいと思うこと」は、あいさつだ。理由は、あいさつには、人と人とをつなぐ大事な役割があるからだ。

　学校で「あいさつ週間」が始まると、児童会委員が校門に立って、積極的に声をかけてくれる。以前の私は、大きな声を出すのがはずかしく、小さな声であいさつを返していた。

　そんな私が、あいさつが大事だと思うようになったきっかけがある。それは、中学生の兄の、野球部の練習を見に行った時のことだ。部員たちは、全員で声を合わせる時だけでなく、練習の前後にも、一人一人がおたがいの顔を見て、しっかりあいさつをしていた。とてもさわやかで、かっこいいと思った。同時に、きちんとあいさつができない自分がはずかしくなった。兄は、「あいさつをすると、相手と気持ちがつながり、いっしょにがんばろうと思えるんだ。」と言っていた。それ以降、私は校内や地域で、しっかりとあいさつをするように心がけている。

　学校での「あいさつ運動」の様子を見ていると、以前の私のように、しっかりあいさつをしない人が多い。この状きょうをよりよくし、あいさつの大切さを伝えるために、自分から積極的に声をかけるようにしたい。

宮城県古川黎明中学校　2015 平成27年度　総合問題

《解答例》

1　1．(1)アブラゼミの幼虫のからだのつくりは，頭・胸・腹の３つに分かれていて，胸に６本のあしがついていること。　(2)こん虫を食べる生き物から見つかりにくい。　2．(1)土砂くずれ　(2)二酸化炭素吸収量の多い林れいの若い人工林が少なくなってきているので，林れいの高い木を伐採したあとに，若い木を植え，手入れを十分にしながら林を育て，林れいの若い人工林を多く保てるようにする。　3．(1)イ　(2)ウ
4．(1)辺ＡＤに垂直な線を引いてできる２つの四角形は，どちらも４つの角が直角となり長方形となる。長方形の向かい合う辺の長さは等しいから，この２つの四角形の４つの辺の長さは全て 30 cmとなる。だから同じ大きさの正方形が２つできる。　(2)19140

2　1．(1)右グラフ　(2)4　(3)山に積もった雪がとけて，水となって流れてくるから。　(4)59　2．(1)4.71　(2)$\frac{4}{3}$
(3)投入口から入れたもののうち，重さが軽い細かいくきや葉などは，羽根車がおこす風の力によって飛ばされ，出口２から出てくるが，実がつまっている重いもみは，出口１から出てくるため。　3．(1)漬け物の液 100mL に小さじですり切り１ぱいずつ食塩を入れ，とけ残りができるまで加えた食塩の量と，水 100mL にとける小さじすり切り 12 はいの差を調べる。　(2)食塩は水の温度が下がっても，とける量がほぼ同じであるが，ミョウバンは水の温度が下がると，とける量が減少し，とけなくなったミョウバンがつぶとなって出てくるから。

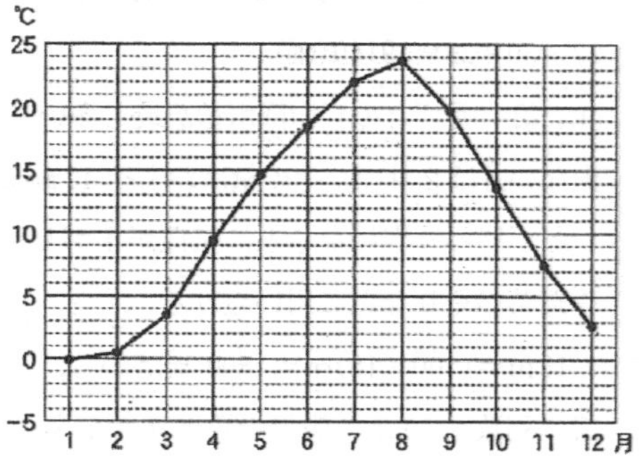

《解　説》

1　1．(1)　クモのからだは頭胸部《とうきょうぶ》と腹部《ふくぶ》に分かれていて，頭胸部に８本のあしがついている。
2．(1)　森林には，木の根が土をつかむことで大雨などによる土砂くずれを防ぐはたらきがあるといわれている。
(2)　グラフから，林れいが若いときの方が，１ha 当たりの年間の二酸化炭素吸収量が多いことを読み取る。
3．(1)　星座早見の窓の位置は，時間とともに時計回りに回転していく。さそり座がしずんだころに窓の位置を右図のように考えると，アの位置にある星はさそり座がしずむ前にのぼっており，ウの位置にある星はさそり座がしずんでもしばらくはのぼってこないので，イの位置にオリオン座がかくれていると考えられる。

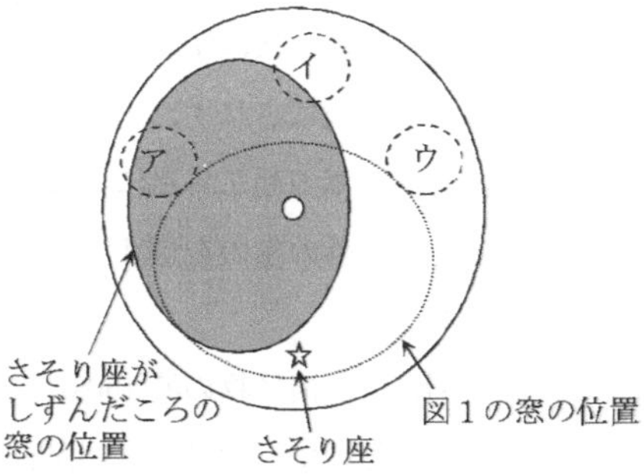

4．(2)　５枚の板には同じ形をした２枚１組の板が２組ふくまれている(板㋐を２等分してできた正方形の板２枚と，縦 30 ㎝，横 24 ㎝の長方形の板２枚)から，それらを整理箱の側面にする。したがって，整理箱の側面の組み方は右図の３通りが考えられる。図５より整理箱の高さは 30 ㎝だから，右図で色をつけた部分に残りの１枚の板がちょうど入る。板の厚さに注意して底面の板の大きさを考えると，①の場合は縦 24 ㎝，横 30－１×２＝28(㎝)，②の場合は縦 24－１×２＝22(㎝)，横 30 ㎝，③の場合は縦 24－１＝23(㎝)，横 30－１＝29(㎝)となるから，②の場合が正しいとわかる。

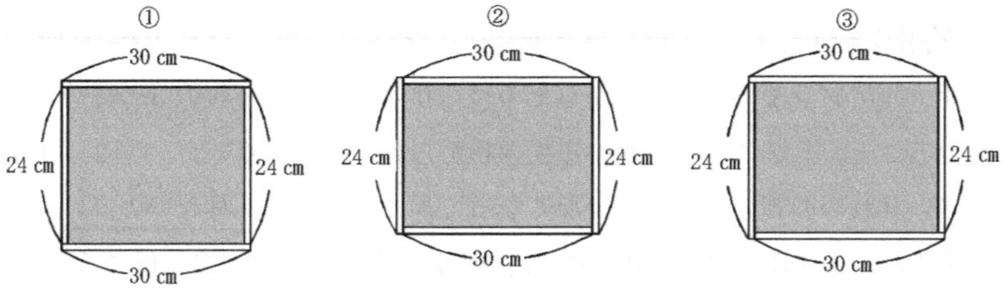

よって，整理箱の内側は縦 22 ㎝，横 30 ㎝，高さ 30－１＝29(㎝)の直方体の形をしているから，その容積は，22×30×29＝**19140(㎤)**

2　1．(2)　月ごとの平均降水量が最も多い月は７月で，その量はおよそ 165 ㎜である。月ごとの平均降水量が最も少ない月は２月で，その量はおよそ 42 ㎜である。したがって，165÷42＝3.9…(倍)より，およそ４倍となる。

(3)　冬が終わり春になると，気温が上がり，山に積もった雪がとけ始める。川に流れこんだ雪どけ水は，米作りや野菜づくりなどに用いられる。

(4)　18m＝(100×18)㎝＝1800 ㎝だから，30 ㎝の間隔は 1800÷30＝60(かしょ)できる。
苗の列数は 30 ㎝の間隔の数よりも１少ないから，求める列数は，60－１＝**59(列)**

2．(1)　右図のように補助線を引いて考える。右図の太線の長さの和は直線 50 ㎝＝(50÷100)m＝0.5mの円の円周と等しく，0.5×3.14＝1.57(m)
よって，ベルトの長さは，1.57＋1.57×２＝**4.71(m)**

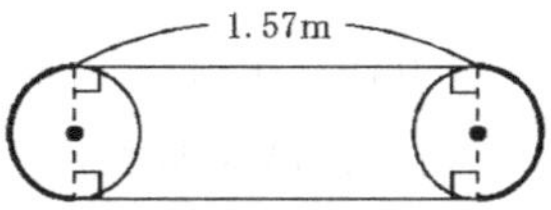

(2)　かり取った全ての稲の量を 10 とすると，明さんが最初の７分間でかり取った量は $10\times\frac{1}{10}=1$ である。
したがって，黎さんが参加してからの 33 分間で明さんがかり取った量は $1\times\frac{33}{7}=\frac{33}{7}$ だから，明さんがかり取った量の合計は $1+\frac{33}{7}=\frac{40}{7}$ である。黎さんがかり取った量は $10-\frac{40}{7}=\frac{30}{7}$ となるから，明さんがかり取った量は，黎さんがかり取った量の $\frac{40}{7}\div\frac{30}{7}=\frac{4}{3}$ **(倍)**である。

(3)　図３は，江戸時代に使われるようになった唐箕《とうみ》という農具である。実のつまった重いもみは，羽根車の起こす風によって飛ばされず，そのまま投入口から出口１の方に向かって落ちていく。一方，生育の悪いやや軽いもみは，羽根車の起こす風によって，仕切り版の左の底(出口２の下)まで飛ばされる。このように，唐箕は，もみとそれ以外のものを選別するだけでなく，生育の良いもみだけが出口１から下に落ちるよう工夫された農具でもあった。

3．(1)　例えば，漬け物の液 100mL に５はい目の食塩を加えたときにほぼとけのこったとすると，４はいまではすべてとけたので，おばあさんが作った漬け物の液 100mL にはおよそ 12－４＝８(はい)の食塩がとけていたと考えられる。

(2)　60℃の水に食塩は 12 はい，ミョウバンは８はいまでとける。次の朝，水の温度は 60℃よりも低くなっていて，例えば 20℃になっているとすると，ミョウバンは 20℃の水 100mL に２はいまでしかとけないので，８－２＝６(はい)分のミョウバンがつぶとなって出てくる。

《解答例》

(例文)

私が心がけたいと思うことは、『三じゅう士』の中に出てくる「みんなは一人のために、一人はみんなのために」ということばです。なぜなら、だれかが困っていたらみんなで考えて解決することが大事だと思うからです。また、一人一人に協力する気持ちがなかったら、絶対にまとまらないと思うからです。

大なわ大会の練習の時のことです。どうしても足が引っかかってしまうＡさんが、そのことをなやみ、学校に来なくなってしまいました。Ａさんは、みんなに迷わくをかけるから行かない方がいいと考えたそうです。しかし、クラスのみんなは、引っかかることよりも、Ａさんがいっしょに練習しようとしないことにおこっていました。引っかかってもいいからみんなでやろう、その気持ちをＡさんに伝えると、Ａさんは再び練習に参加するようになりました。長なわの得意な人がていねいに教えたり、日曜日も公園に集まって練習したりした結果、Ａさんの引っかかる回数は減り、クラスの気持ちが一つになりました。

この体験から、たくさんの人と協力して一つのことをする時は、「みんなは一人のために」と「一人はみんなのために」の両方の心がけが大事なのだと分かりました。

■ ご使用にあたってのお願い・ご注意

（1）問題文等の非掲載

著作権上の都合により，問題文や図表などの一部を掲載できない場合があります。

誠に申し訳ございませんが，ご了承くださいますようお願いいたします。

（2）過去問における時事性

過去問題集は，学習指導要領の改訂や社会状況の変化，新たな発見などにより，現在とは異なる表記や解説になっている場合があります。過去問の特性上，出題当時のままで出版していますので，あらかじめご了承ください。

（3）配点

学校等から配点が公表されている場合は，記載しています。公表されていない場合は，記載していません。

独自の予想配点は，出題者の意図と異なる場合があり，お客様が学習するうえで誤った判断をしてしまう恐れがあるため記載していません。

（4）無断複製等の禁止

購入された個人のお客様が，ご家庭でご自身またはご家族の学習のためにコピーをすることは可能ですが，それ以外の目的でコピー，スキャン，転載（ブログ，ＳＮＳなどでの公開を含みます）などをすることは法律により禁止されています。学校や学習塾などで，児童生徒のためにコピーをして使用することも法律により禁止されています。

ご不明な点や，違法な疑いのある行為を確認された場合は，弊社までご連絡ください。

（5）けがに注意

この問題集は針を外して使用します。針を外すときは，けがをしないように注意してください。また，表紙カバーや問題用紙の端で手指を傷つけないように十分注意してください。

（6）正誤

制作には万全を期しておりますが，万が一誤りなどがございましたら，弊社までご連絡ください。

なお，誤りが判明した場合は，弊社ウェブサイトの「ご購入者様のページ」に掲載しておりますので，そちらもご確認ください。

■ お問い合わせ

解答例，解説，印刷，製本など，問題集発行におけるすべての責任は弊社にあります。

ご不明な点がございましたら，弊社ウェブサイトの「お問い合わせ」フォームよりご連絡ください。迅速に対応いたしますが，営業日の都合で回答に数日を要する場合があります。

ご入力いただいたメールアドレス宛に自動返信メールをお送りしています。自動返信メールが届かない場合は，「よくある質問」の「メールの問い合わせに対し返信がありません。」の項目をご確認ください。

また弊社営業日（平日）は，午前９時から午後５時まで，電話でのお問い合わせも受け付けています。

2025 春

株式会社教英出版
〒422-8054　静岡県静岡市駿河区南安倍３丁目 12-28
TEL　054-288-2131　　FAX　054-288-2133
URL　https://kyoei-syuppan.net/
MAIL siteform@kyoei-syuppan.net

教英出版の親子で取りくむシリーズ

公立中高一貫校とは？適性検査とは 受検を考えはじめた親子のための 最初の１冊！

「概要編」では公立中高一貫校の仕組みや適性検査の特徴をわかりやすく説明し，「例題編」では実際の適性検査の中から，よく出題されるパターンの問題を厳選して紹介しています。実際の問題紙面も掲載しているので受検を身近に感じることができます。

- 公立中高一貫校を知ろう！
- 適性検査を知ろう！
- 教科的な問題〈適性検査ってこんな感じ〉
- 実技的な問題〈さらにはこんな問題も！〉
- おさえておきたいキーワード

定価：1,078円(本体980+税)

適性検査の作文問題にも対応！ 「書けない」を「書けた！」に 導く合格レッスン

「実力養成レッスン」では，作文の技術や素材の見つけ方，書き方や教え方を対話形式でわかりやすく解説。実際の入試作文をもとに，とり外して使える解答用紙に書き込んでレッスンをします。赤ペンの添削例や，「添削チェックシート」を参考にすれば，お子さんが書いた作文をていねいに添削することができます。

- レッスン１ 作文の基本と，書くための準備
- レッスン２ さまざまなテーマの入試作文
- レッスン３ 長文の内容をふまえて書く入試作文
- 実力だめし！入試作文
- 別冊「添削チェックシート・解答用紙」付き

定価：1,155円(本体1,050+税)

絶賛販売中！

詳しくは教英出版で検索

教英出版 検索

URL https://kyoei-syuppan.net/

教英出版　2025年春受験用　中学入試問題集

学校別問題集

✿はカラー問題対応

北海道

①[市立]札幌開成中等教育学校
②藤女子中学校
③北嶺中学校
④北星学園女子中学校
⑤札幌大谷中学校
⑥札幌光星中学校
⑦立命館慶祥中学校
⑧函館ラ・サール中学校

青森県

①[県立]三本木高等学校附属中学校

岩手県

①[県立]一関第一高等学校附属中学校

宮城県

①[県立]宮城県古川黎明中学校
②[県立]宮城県仙台二華中学校
③[市立]仙台青陵中等教育学校
④東北学院中学校
⑤仙台白百合学園中学校
⑥聖ウルスラ学院英智中学校
⑦宮城学院中学校
⑧秀光中学校
⑨古川学園中学校

秋田県

①[県立]
- 大館国際情報学院中学校
- 秋田南高等学校中等部
- 横手清陵学院中学校

山形県

①[県立]
- 東桜学館中学校
- 致道館中学校

福島県

①[県立]
- 会津学鳳中学校
- ふたば未来学園中学校

茨城県

①[県立]
- 日立第一高等学校附属中学校
- 太田第一高等学校附属中学校
- 水戸第一高等学校附属中学校
- 鉾田第一高等学校附属中学校
- 鹿島高等学校附属中学校
- 土浦第一高等学校附属中学校
- 竜ヶ崎第一高等学校附属中学校
- 下館第一高等学校附属中学校
- 下妻第一高等学校附属中学校
- 水海道第一高等学校附属中学校
- 勝田中等教育学校
- 並木中等教育学校
- 古河中等教育学校

栃木県

①[県立]
- 宇都宮東高等学校附属中学校
- 佐野高等学校附属中学校
- 矢板東高等学校附属中学校

群馬県

①
- [県立]中央中等教育学校
- [市立]四ツ葉学園中等教育学校
- [市立]太田中学校

埼玉県

①[県立]伊奈学園中学校
②[市立]浦和中学校
③[市立]大宮国際中等教育学校
④[市立]川口市立高等学校附属中学校

千葉県

①[県立]
- 千葉中学校
- 東葛飾中学校

②[市立]稲毛国際中等教育学校

東京都

①[国立]筑波大学附属駒場中学校
②[都立]白鷗高等学校附属中学校
③[都立]桜修館中等教育学校
④[都立]小石川中等教育学校
⑤[都立]両国高等学校附属中学校
⑥[都立]立川国際中等教育学校
⑦[都立]武蔵高等学校附属中学校
⑧[都立]大泉高等学校附属中学校
⑨[都立]富士高等学校附属中学校
⑩[都立]三鷹中等教育学校
⑪[都立]南多摩中等教育学校
⑫[区立]九段中等教育学校
⑬開成中学校
⑭麻布中学校
⑮桜蔭中学校
⑯女子学院中学校
✿⑰豊島岡女子学園中学校
⑱東京都市大学等々力中学校
⑲世田谷学園中学校
✿⑳広尾学園中学校(第2回)
✿㉑広尾学園中学校(医進・サイエンス回)
㉒渋谷教育学園渋谷中学校(第1回)
㉓渋谷教育学園渋谷中学校(第2回)
㉔東京農業大学第一高等学校中等部(2月1日 午後)
㉕東京農業大学第一高等学校中等部(2月2日 午後)

神奈川県

①[県立] 相模原中等教育学校
　　　平塚中等教育学校
②[市立]南高等学校附属中学校
③[市立]横浜サイエンスフロンティア高等学校附属中学校
④[市立]川崎高等学校附属中学校
✿⑤聖光学院中学校
✿⑥浅野中学校
⑦洗足学園中学校
⑧法政大学第二中学校
⑨逗子開成中学校(1次)
⑩逗子開成中学校(2・3次)
⑪神奈川大学附属中学校(第1回)
⑫神奈川大学附属中学校(第2・3回)
⑬栄光学園中学校
⑭フェリス女学院中学校

新潟県

①[県立] 村上中等教育学校
　　　柏崎翔洋中等教育学校
　　　燕中等教育学校
　　　津南中等教育学校
　　　直江津中等教育学校
　　　佐渡中等教育学校
②[市立]高志中等教育学校
③新潟第一中学校
④新潟明訓中学校

石川県

①[県立]金沢錦丘中学校
②星稜中学校

福井県

①[県立]高志中学校

山梨県

①山梨英和中学校
②山梨学院中学校
③駿台甲府中学校

長野県

①[県立] 屋代高等学校附属中学校
　　　諏訪清陵高等学校附属中学校
②[市立]長野中学校

岐阜県

①岐阜東中学校
②鶯谷中学校
③岐阜聖徳学園大学附属中学校

静岡県

①[国立]静岡大学教育学部附属中学校
　　（静岡・島田・浜松）
② [県立]清水南高等学校中等部
　[県立]浜松西高等学校中等部
　[市立]沼津高等学校中等部
③不二聖心女子学院中学校
④日本大学三島中学校
⑤加藤学園暁秀中学校
⑥星陵中学校
⑦東海大学付属静岡翔洋高等学校中等部
⑧静岡サレジオ中学校
⑨静岡英和女学院中学校
⑩静岡雙葉中学校
⑪静岡聖光学院中学校
⑫静岡学園中学校
⑬静岡大成中学校
⑭城南静岡中学校
⑮静岡北中学校
⑯ 常葉大学附属常葉中学校
　常葉大学附属橘中学校
　常葉大学附属菊川中学校
⑰藤枝明誠中学校
⑱浜松開誠館中学校
⑲静岡県西遠女子学園中学校
⑳浜松日体中学校
㉑浜松学芸中学校

愛知県

①[国立]愛知教育大学附属名古屋中学校
②愛知淑徳中学校
③ 名古屋経済大学市邨中学校
　名古屋経済大学高蔵中学校
④金城学院中学校
⑤椙山女学園中学校
⑥東海中学校
⑦南山中学校男子部
⑧南山中学校女子部
⑨聖霊中学校
⑩滝中学校
⑪名古屋中学校
⑫大成中学校
⑬愛知中学校
⑭星城中学校
⑮名古屋葵大学中学校
　（名古屋女子大学中学校）
⑯愛知工業大学名電中学校
⑰海陽中等教育学校(特別給費生)
⑱海陽中等教育学校(Ⅰ・Ⅱ)
⑲中部大学春日丘中学校
新刊⑳名古屋国際中学校

三重県

①[国立]三重大学教育学部附属中学校
②暁中学校
③海星中学校
④四日市メリノール学院中学校
⑤高田中学校
⑥セントヨゼフ女子学園中学校
⑦三重中学校
⑧皇學館中学校
⑨鈴鹿中等教育学校
⑩津田学園中学校

滋賀県

①[国立]滋賀大学教育学部附属中学校
②[県立] 河瀬中学校
　　　守山中学校
　　　水口東中学校

京都府

①[国立]京都教育大学附属桃山中学校
②[府立]洛北高等学校附属中学校
③[府立]園部高等学校附属中学校
④[府立]福知山高等学校附属中学校
⑤[府立]南陽高等学校附属中学校
⑥[市立]西京高等学校附属中学校
⑦同志社中学校
⑧洛星中学校
⑨洛南高等学校附属中学校
⑩立命館中学校
⑪同志社国際中学校
⑫同志社女子中学校(前期日程)
⑬同志社女子中学校(後期日程)

大阪府

①[国立]大阪教育大学附属天王寺中学校
②[国立]大阪教育大学附属平野中学校
③[国立]大阪教育大学附属池田中学校

④[府立]富田林中学校
⑤[府立]咲くやこの花中学校
⑥[府立]水都国際中学校
⑦清風中学校
⑧高槻中学校(A日程)
⑨高槻中学校(B日程)
⑩明星中学校
⑪大阪女学院中学校
⑫大谷中学校
⑬四天王寺中学校
⑭帝塚山学院中学校
⑮大阪国際中学校
⑯大阪桐蔭中学校
⑰開明中学校
⑱関西大学第一中学校
⑲近畿大学附属中学校
⑳金蘭千里中学校
㉑金光八尾中学校
㉒清風南海中学校
㉓帝塚山学院泉ヶ丘中学校
㉔同志社香里中学校
㉕初芝立命館中学校
㉖関西大学中等部
㉗大阪星光学院中学校

兵庫県

①[国立]神戸大学附属中等教育学校
②[県立]兵庫県立大学附属中学校
③雲雀丘学園中学校
④関西学院中学部
⑤神戸女学院中学部
⑥甲陽学院中学校
⑦甲南中学校
⑧甲南女子中学校
⑨灘中学校
⑩親和中学校
⑪神戸海星女子学院中学校
⑫滝川中学校
⑬啓明学院中学校
⑭三田学園中学校
⑮淳心学院中学校
⑯仁川学院中学校
⑰六甲学院中学校
⑱須磨学園中学校(第1回入試)
⑲須磨学園中学校(第2回入試)
⑳須磨学園中学校(第3回入試)
㉑白陵中学校
㉒夙川中学校

奈良県

①[国立]奈良女子大学附属中等教育学校
②[国立]奈良教育大学附属中学校
③[県立]国際中学校
　　　　青翔中学校
④[市立]一条高等学校附属中学校
⑤帝塚山中学校
⑥東大寺学園中学校
⑦奈良学園中学校
⑧西大和学園中学校

和歌山県

①[県立]古佐田丘中学校
　　　　向陽中学校
　　　　桐蔭中学校
　　　　日高高等学校附属中学校
　　　　田辺中学校
②智辯学園和歌山中学校
③近畿大学附属和歌山中学校
④開智中学校

岡山県

①[県立]岡山操山中学校
②[県立]倉敷天城中学校
③[県立]岡山大安寺中等教育学校
④[県立]津山中学校
⑤岡山中学校
⑥清心中学校
⑦岡山白陵中学校
⑧金光学園中学校
⑨就実中学校
⑩岡山理科大学附属中学校
⑪山陽学園中学校

広島県

①[国立]広島大学附属中学校
②[国立]広島大学附属福山中学校
③[県立]広島中学校
④[県立]三次中学校
⑤[県立]広島叡智学園中学校
⑥[市立]広島中等教育学校
⑦[市立]福山中学校
⑧広島学院中学校
⑨広島女学院中学校
⑩修道中学校
⑪崇徳中学校
⑫比治山女子中学校
⑬福山暁の星女子中学校
⑭安田女子中学校
⑮広島なぎさ中学校
⑯広島城北中学校
⑰近畿大学附属広島中学校福山校
⑱盈進中学校
⑲如水館中学校
⑳ノートルダム清心中学校
㉑銀河学院中学校
㉒近畿大学附属広島中学校東広島校
㉓AICJ中学校
㉔広島国際学院中学校
㉕広島修道大学ひろしま協創中学校

山口県

①[県立]下関中等教育学校
　　　　高森みどり中学校
②野田学園中学校

徳島県

①[県立]富岡東中学校
　　　　川島中学校
　　　　城ノ内中等教育学校
②徳島文理中学校

香川県

①大手前丸亀中学校
②香川誠陵中学校

愛媛県

①[県立]今治東中等教育学校
　　　　松山西中等教育学校
②愛光中学校
③済美平成中等教育学校
④新田青雲中等教育学校

高知県

①[県立]安芸中学校
　　　　高知国際中学校
　　　　中村中学校

福岡県

①[国立]福岡教育大学附属中学校（福岡·小倉·久留米）
②[県立]育徳館中学校
　　　　門司学園中学校
　　　　宗像中学校
　　　　嘉穂高等学校附属中学校
　　　　輝翔館中等教育学校
③西南学院中学校
④上智福岡中学校
⑤福岡女学院中学校
⑥福岡雙葉中学校
⑦照曜館中学校
⑧筑紫女学園中学校
⑨敬愛中学校
⑩久留米大学附設中学校
⑪飯塚日新館中学校
⑫明治学園中学校
⑬小倉日新館中学校
⑭久留米信愛中学校
⑮中村学園女子中学校
⑯福岡大学附属大濠中学校
⑰筑陽学園中学校
⑱九州国際大学付属中学校
⑲博多女子中学校
⑳東福岡自彊館中学校
㉑八女学院中学校

佐賀県

①[県立]香楠中学校
　　　　致遠館中学校
　　　　唐津東中学校
　　　　武雄青陵中学校
②弘学館中学校
③東明館中学校
④佐賀清和中学校
⑤成穎中学校
⑥早稲田佐賀中学校

長崎県

①[県立]長崎東中学校
　　　　佐世保北中学校
　　　　諫早高等学校附属中学校
②青雲中学校
③長崎南山中学校
④長崎日本大学中学校
⑤海星中学校

熊本県

①[県立]玉名高等学校附属中学校
　　　　宇土中学校
　　　　八代中学校
②真和中学校
③九州学院中学校
④ルーテル学院中学校
⑤熊本信愛女学院中学校
⑥熊本マリスト学園中学校
⑦熊本学園大学付属中学校

大分県

①[県立]大分豊府中学校
②岩田中学校

宮崎県

①[県立]五ヶ瀬中等教育学校
②[県立]宮崎西高等学校附属中学校
　　　　都城泉ヶ丘高等学校附属中学校
③宮崎日本大学中学校
④日向学院中学校
⑤宮崎第一中学校

鹿児島県

①[県立]楠隼中学校
②[市立]鹿児島玉龍中学校
③鹿児島修学館中学校
④ラ・サール中学校
⑤志學館中等部

沖縄県

①[県立]与勝緑が丘中学校
　　　　開邦中学校
　　　　球陽中学校
　　　　名護高等学校附属桜中学校

もっと過去問シリーズ

北海道

北嶺中学校
7年分（算数・理科・社会）

静岡県

静岡大学教育学部附属中学校
（静岡·島田·浜松）
10年分（算数）

愛知県

愛知淑徳中学校
7年分（算数・理科・社会）
東海中学校
7年分（算数・理科・社会）
南山中学校男子部
7年分（算数・理科・社会）
南山中学校女子部
7年分（算数・理科・社会）
滝中学校
7年分（算数・理科・社会）
名古屋中学校
7年分（算数・理科・社会）

岡山県

岡山白陵中学校
7年分（算数・理科）

広島県

広島大学附属中学校
7年分（算数・理科・社会）
広島大学附属福山中学校
7年分（算数・理科・社会）
広島学院中学校
7年分（算数・理科・社会）
広島女学院中学校
7年分（算数・理科・社会）
修道中学校
7年分（算数・理科・社会）
ノートルダム清心中学校
7年分（算数・理科・社会）

愛媛県

愛光中学校
7年分（算数・理科・社会）

福岡県

福岡教育大学附属中学校
（福岡·小倉·久留米）
7年分（算数・理科・社会）
西南学院中学校
7年分（算数・理科・社会）
久留米大学附設中学校
7年分（算数・理科・社会）
福岡大学附属大濠中学校
7年分（算数・理科・社会）

佐賀県

早稲田佐賀中学校
7年分（算数・理科・社会）

長崎県

青雲中学校
7年分（算数・理科・社会）

鹿児島県

ラ·サール中学校
7年分（算数・理科・社会）

※もっと過去問シリーズは
国語の収録はありません。

教英出版
〒422-8054
静岡県静岡市駿河区南安倍3丁目12-28
TEL 054-288-2131
FAX 054-288-2133
詳しくは教英出版で検索
教英出版　検索
URL https://kyoei-syuppan.net/

令和６年度　宮城県立中学校入学者選抜《せんばつ》適性検査

総合問題（筆記及び外国語（英語）のリスニング）

（古川黎明中学校）

検　査　用　紙

注　意

1　「始め」の指示があるまで、開いてはいけません。

2　「解答用紙」は、この表紙の裏面《りめん》になります。

3　「始め」の指示があったら、この表紙を取り外し、「解答用紙」に受検番号を記入してから、「解答用紙」が表になるように折り返しなさい。その後、問題に取り組みなさい。検査時間は60分です。

4　問題は、１ページから10ページまであります。

5　答えは、すべて「解答用紙」に記入しなさい。問題用紙の空いているところは、自由に使ってかまいません。

6　外国語（英語）のリスニングの問題は１ページと２ページです。問題は、放送の指示にしたがって行います。放送を聞きながら、メモをとってもかまいません。

7　声を出して問題を読み上げたり、大きな音を立てたりしてはいけません。

8　「やめ」の合図で、すぐにえんぴつを置いてください。

解答用紙（古川黎明中学校）

〈注意〉 □ の欄《らん》に記入してはいけません。

※100点満点

＊

問題の番号				解答を記入する欄
1	1	No. 1		
		No. 2		
	2			
2	1	（1）		
		（2）		
		（3）		（　　　　　）m^2
		（4）		
	2	（1）	ア	（　　　　　）mm
			イ	う（　　　　）　え（　　　　）
		（2）	ア	
			イ	

1　1．2点×2
　　2．4点

2　1．(1)4点
　　　(2)6点
　　　(3)5点
　　　(4)7点
　　2．(1)ア．5点
　　　　　イ．4点
　　　(2)ア．4点
　　　　　イ．7点

令和６年度　宮城県立中学校入学者選《せん》抜《ばつ》適性検査

総合問題（筆記及び外国語（英語）のリスニング）

（古川黎明中学校）

問　題　用　紙

1 外国語（英語）のリスニング

1　宮城県に住む小学校６年生の誠《まこと》さんと久美《くみ》さんが、英語の授業でＡＬＴに冬休みの思い出を紹介《しょうかい》しています。No. 1とNo. 2の内容を**もっとも適切に表しているもの**を、次の**A、B、C**の中から、それぞれ**１つずつ選び、記号**で答えなさい。英語は**２回**放送されます。

※教英出版注
音声は，解答集の書籍ＩＤ番号を教英出版ウェブサイトで入力して聴くことができます。

No. 1

A　B　C

No. 2

A　B　C

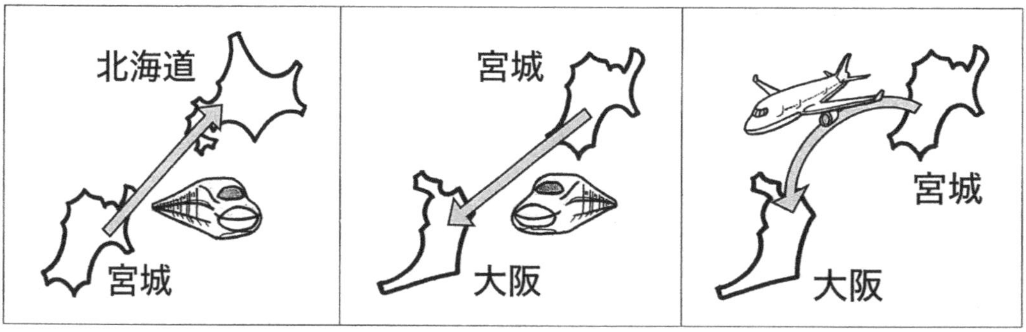

2　トムさんと美紀《みき》さんが、会話をしています。二人の会話を聞いて、**トムさん**が土曜日と日曜日によく見ているテレビ番組として**正しい組み合わせ**を、次の**A**、**B**、**C**、**D**の中から**１つ選び**、**記号**で答えなさい。会話は**２回**放送されます。

	土曜日に見ているもの	日曜日に見ているもの
A		
B		
C		
D		

2 友也《ともや》さんは、休日に家族と一緒《いっしょ》に山の中のキャンプ場に行きました。次の**1**、**2**の問題に答えなさい。

1 友也さんは、キャンプ場へ向かう途中《とちゅう》に立ち寄ったダムの事務所で、家族と話をしています。あとの**（1）～（4）**の問題に答えなさい。

友也さん	山の中にダムがあるんだね。ダムにたくさんの水が貯《た》まっていたら、㋐ダムの水がなくなることはないね。
お母さん	それはどうかな。もし雨が降《ふ》らなかったら、ダムの水はどうなるか考えてごらん。
友也さん	水がどんどん少なくなって、そのうちなくなってしまうかもしれない。㋑水は大切にしないといけないね。
お父さん	そうだね。ダムにはいろいろな役割《やくわり》があるんだよ。ダムの事務所ではダムについてまとめられた㋒パンフレットがもらえるよ。

（1）「㋐ダムの水」とありますが、友也さんは、ダムの水について興味をもち、ダムの事務所にはってあった**資料1**を見ながら考えたことを**メモ**にまとめました。**資料1**を参考にして、**メモ**の［ **あ** ］に入る**もっとも適切な言葉**を、あとの**ア～エ**から**1つ選び、記号**で答えなさい。

資料1　**ダムの事務所にはってあった資料の一部**

《ダムのはたらき》
ダムの膨大《ぼうだい》な貯水のおかげで、水の使用量が多い時期であっても、下流域《かりゅういき》に安定して水を行き渡《わた》らせることができます。

メモ

・下流域に安定して水を行き渡らせるために、［ **あ** ］にダムを造り、そのダムに水を貯める。
・川の水が少なくなったら、ダムの水を川に流す。

ア 山頂《さんちょう》　　**イ** 海岸　　**ウ** 川の上流　　**エ** 川の下流

（2）「㋑水は大切にしないといけない」とありますが、キャンプ場でバーベキューを終えた友也さんが炊事棟《すいじとう》の洗《あら》い場に行くと、**ポスター**がはってありました。食器や調理器具についた油汚《よご》れを、**新聞紙でふき取ってから洗うことが、どうして自然を守ることにつながる**のだと考えますか。**水という言葉を用いて**書きなさい。

ポスター

自然を守ろう！
汚れはふき取ってから洗おうね！
洗い場で何気《なにげ》なく流している油や洗剤《せんざい》が、魚を苦しめています。

(3)　「ⓦパンフレット」とありますが、友也さんは帰宅《きたく》後、パンフレットを見て、**ダムの水をせき止める部分のおよその面積**がどのくらいになるかを考え、**ノート１**にまとめました。**図**を参考にして、［　い　］**にあてはまる数字**を答えなさい。

図　**パンフレットの一部**

堤高《ていこう》とは、ダムの高さのことをいいます。また、堤頂長《ていちょうちょう》とは、ダムの上部の右端《みぎはし》から左端までの長さのことをいいます。

このダムの堤高は120ｍ、堤頂長は360ｍです。

ノート１

ダムの水をせき止める部分を、向かい合った１組の辺が平行で、その１組の辺の長さの比が４：３の四角形とみる。

すると、この四角形の面積は［　い　］m^2と計算できる。

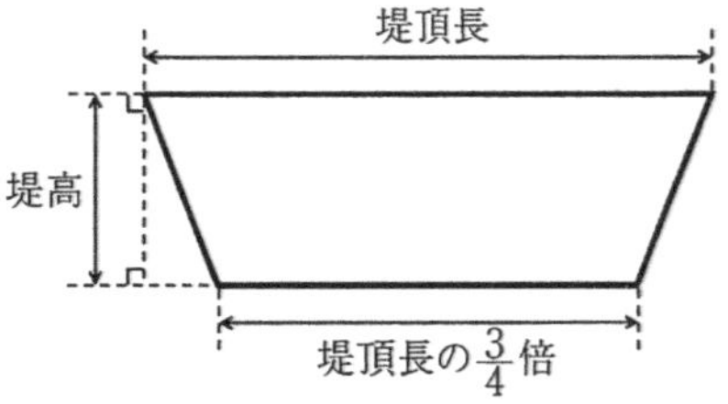

(4)　友也さんは、パンフレットを見て、このダムでは、水力発電を行っていることを知り、発電について調べを進めていくうちに、**資料２**と**資料３**を見つけました。**資料２**と**資料３**を見た友也さんは、再生可能エネルギーを使って発電した方が、地球温暖化《おんだんか》の進行を防ぐことができると考えました。**資料２**と**資料３**を参考にして、**友也さんがそのように考えた理由**を、**化石燃料、再生可能エネルギーという２つの言葉を用いて**書きなさい。

資料２　**発電方法別の二酸化炭素排出量《はいしゅつりょう》**

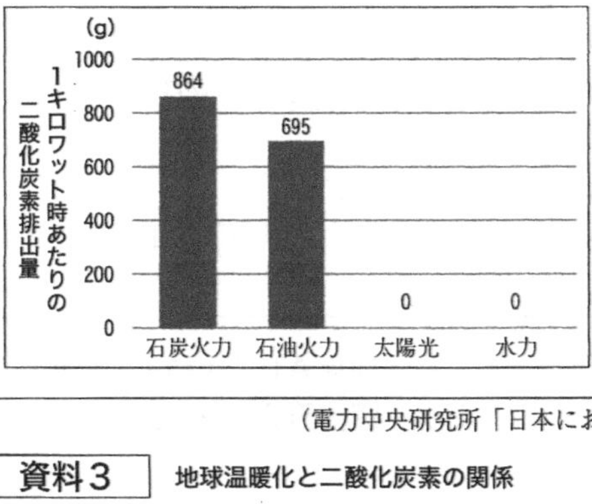

・グラフは、石炭火力、石油火力、太陽光、水力の、それぞれで発電したときに大気中に排出される、１キロワット時あたりの二酸化炭素排出量を示している。
・石炭や石油は、化石燃料である。
・太陽光や水力は、再生可能エネルギーである。

（電力中央研究所「日本における発電技術のライフサイクルCO_2排出量総合評価」より作成）

資料３　**地球温暖化と二酸化炭素の関係**

・二酸化炭素は、地球温暖化の原因の１つとされている。
・18世紀後半から化石燃料の使用が増え、その結果、大気中の二酸化炭素が増加している。

（全国地球温暖化防止活動推進《すいしん》センター「地球温暖化の原因と予測」より作成）

2　キャンプの翌日《よくじつ》、友也さんは、学校の先生と話をしています。あとの**（1）**、**（2）**の問題に答えなさい。

友也さん	昨日《きのう》、キャンプからの帰り道に、川を見て気づいたのですが、きつい坂道が多い山の中の川岸は、家の近くの平地の川原《かわら》の様子とはだいぶちがっていて、けずられて谷のようになっていました。
先　　生	よく気づきましたね。ほかにちがいはありましたか。
友也さん	山の中の川は、平地の川よりも水の流れが速かったです。
先　　生	そうですね。土地のかたむきが大きいと、川の流れも速くなりますね。
友也さん	水の流れの速さと土地の様子には関係があるかもしれません。変える条件と変えない条件を考えて、㊓実験を計画してみます。

（1）「㊓実験」とありますが、友也さんが行った**実験1を参考に**、あとの**ア**、**イ**の問題に答えなさい。

実験1

[予想]　川を流れる水の速さは、土地のかたむきが大きい方が速いので、流れる水の量が同じ場合、土地のかたむきが大きい方が土地は大きくけずられると思う。

[装置《そうち》]

[装置1、2の図]

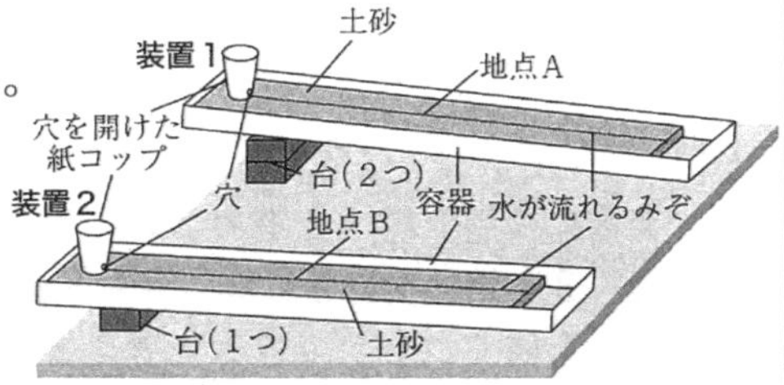

1　水をかけてしめらせた土砂《どしゃ》を準備する。
2　同じ大きさ、材質の容器を2つ準備する。
3　**装置1、2の図**のように、**装置1**は容器の下に台を2つ重ねて置き、**装置2**は容器の下に台を1つ置く。
4　容器内に土砂を入れ、水を流す斜面《しゃめん》を作る。
5　斜面に水を流すため、幅《はば》、深さが2.5mmになるように、みぞを作る。

[みぞの幅と深さの図]

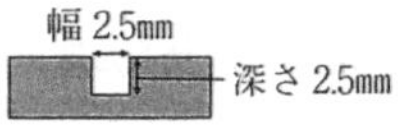

6　**装置1、2の図**のように、みぞの位置に合わせて、直径2mmの穴《あな》を1つ開けておいた紙コップを置く。
7　**装置1、2**で、紙コップの穴から15cmの場所をそれぞれ地点A、地点Bとする。

[手順]　次の手順を3回行う。2回目、3回目は、土砂を新しいものに入れかえ、**装置1、2**を整えてから行う。
1　紙コップに100mLの水を入れ、開けた穴から全ての水を流す。
2　地点A、地点Bの水の速さを観察し、水が全て流れたあとのみぞの幅と深さを計測する。

ア　友也さんは、**実験1**の結果を**表1**に記録しました。**地点A**において、水が流れたあとのみぞの幅を記録した**3回の平均は何mm**ですか。**四捨五入《ししゃごにゅう》して上から2けたのがい数**で答えなさい。

表1

・流れる水の速さの比較《ひかく》

地点A	地点B
速い	おそい

・水が流れたあとのみぞの幅

	地点A	地点B
1回目	8mm	4mm
2回目	11mm	3.5mm
3回目	9mm	4.5mm

・水が流れたあとのみぞの深さ

	地点A	地点B
1回目	5mm	3.5mm
2回目	6mm	3mm
3回目	5mm	3mm

2 トムさんと美紀さんが、会話をしています。二人の会話を聞いて、トムさんが土曜日と日曜日によく見ているテレビ番組として正しい組み合わせを、次のA、B、C、Dの中から１つ選び、記号で答えなさい。会話は２回放送されます。【空白２秒】では、始めます。【空白２秒】

Tom : Miki, what do you usually do on Saturdays?

Miki : I usually play soccer with my friends, and I watch *Cats and Dogs in the World*.

Tom : *Cats and Dogs in the World* ?

Miki : It's an animal TV program. It's interesting. I like cats.

Tom : I see. I like animals. I want to watch it.

Miki : Oh, you can watch it at 7.

Tom : Oh, no. I usually watch *Exciting Volleyball* at 7.

Miki : *Exciting Volleyball* ? Is it a TV program?

Tom : Yes, I like sports. And I usually watch *Enjoy Basketball* on Sundays.

Miki : Me, too. It's fun.

【空白１５秒】

くり返します。

Tom : Miki, what do you usually do on Saturdays?

Miki : I usually play soccer with my friends, and I watch *Cats and Dogs in the World*.

Tom : *Cats and Dogs in the World* ?

Miki : It's an animal TV program. It's interesting. I like cats.

Tom : I see. I like animals. I want to watch it.

Miki : Oh, you can watch it at 7.

Tom : Oh, no. I usually watch *Exciting Volleyball* at 7.

Miki : *Exciting Volleyball* ? Is it a TV program?

Tom : Yes, I like sports. And I usually watch *Enjoy Basketball* on Sundays.

Miki : Me, too. It's fun.

【空白１５秒】

これで、第１問　外国語、英語のリスニングのテストは終わります。

次の問題に 移ってください。【空白２秒】

作文　解答用紙

＊ の欄《らん》に記入してはいけません。

〔注意〕
① 題名、氏名は書かずに、一行目から書き始めること。
② 原稿《げんこう》用紙の正しい使い方にしたがい、文字やかなづかいも正確に書くこと。

受検番号

＊

※25点満点
（評価基準非公表）

400字

５００字

検査問題

あなたは、学級での話し合いで司会の役割《やくわり》をすることになりました。いろいろな意見が出てきたとき、意見をまとめていくために、あなたなら、どのようなことに気をつけて話し合いを進めればよいと考えますか。理由を含《ふく》めて四百字以上五百字以内で書きなさい。

〔注意〕
①　題名、氏名は書かずに、一行目から書き始めること。
②　原稿《げんこう》用紙の正しい使い方にしたがい、文字やかなづかいも正確に書くこと。

令和六年度　宮城県立中学校入学者選《せん》抜《ばつ》適性検査

作　文
（古川黎明中学校）

検査用紙

注　意

一　「始め」の指示があるまで、開いてはいけません。

二　「始め」の指示があったら、中を開いて、「解答用紙」に受検番号を記入しなさい。
検査時間は四十分です。

三　作文の「検査用紙」には、表紙に続き、「検査問題」があります。「解答用紙」は、別に一枚《まい》あります。

※教英出版注
音声は，解答集の書籍ＩＤ番号を教英出版ウェブサイトで入力して聴くことができます。

令和６年度宮城県立中学校入学者選抜適性検査
総合問題（外国語（英語）のリスニング）台本

１　宮城県に住む小学校６年生の誠さんと久美さんが、英語の授業でＡＬＴに冬休みの思い出を紹介しています。No. １と No. ２の内容をもっとも適切に表しているものを、次のＡ、Ｂ、Ｃの中から、それぞれ１つずつ選び、記号で答えなさい。英語は２回放送されます。【空白２秒】では、始めます。【空白２秒】

No.1

Hello. I'm Makoto. I enjoyed winter vacation. On New Year's Eve, I ate a cake with my grandfather. On New Year's Day, I ate sushi. It was delicious.

【空白５秒】

くり返します。

Hello. I'm Makoto. I enjoyed winter vacation. On New Year's Eve, I ate a cake with my grandfather. On New Year's Day, I ate sushi. It was delicious.

【空白１０秒】

No.2

Hi. I'm Kumi. I went to Osaka by train with my family. It was fun. I like traveling. I want to visit Hokkaido by airplane.

【空白５秒】

くり返します。

Hi. I'm Kumi. I went to Osaka by train with my family. It was fun. I like traveling. I want to visit Hokkaido by airplane.

【空白１５秒】

つぎの問題に移ります。２ページを見てください。

イ　友也さんは、**実験１**の結果について**考察**したことを**ノート２**にまとめました。**ノート２**の [う] に入る言葉をあとの**A**、**B**から、[え] に入る言葉をあとの**C**、**D**からそれぞれ**１つずつ選び**、**記号**で答えなさい。

ノート２

容器のかたむきが地点Ｂよりも大きい地点Ａは、流れる水の速さが速い。また、流れる水の速さが速い地点Ａは、水が流れたあとの、みぞの幅の平均と深さの平均が地点Ｂよりもそれぞれ [う] 。つまり、予想は [え] といえる。

う　**A**　大きい　　　**B**　小さい
え　**C**　正しい　　　**D**　まちがっている

(2)　友也さんは、考察したことをもとに、新たに**実験２**を行いました。あとの**ア**、**イ**の問題に答えなさい。

実験２

[予想]　川を流れる水の速さは、流れる水の量が増えた方が速くなり、土地のかたむきの大きさが同じ場合、流れる水の量が増えた方が土地は大きくけずられると思う。
[装置]　**実験１**で用いた**装置２**の土砂を新しいものに入れかえ、**実験の条件を１つだけ変えて**、**装置３**とする。また、紙コップの穴から15cmの場所を地点Ｃとする。
[手順]　**実験１**の**手順**と同じ手順で行う。ただし、観察・計測場所は、**装置３**の地点Ｃとする。

ア　友也さんは、**実験２**の結果を**表２**に記録しました。**実験２**の**予想**と**表２**をもとに、**実験２**の**装置**で、**変えた実験の条件として適切なもの**を、あとの①〜③から**１つ選び**、**番号**で答えなさい。

表２

・流れる水の速さ

地点Ｃ
速い

※速さは**実験１**の地点Ｂと比較したもの

・水が流れたあとのみぞの幅

	地点Ｃ
１回目	7mm
２回目	8mm
３回目	8.5mm

・水が流れたあとのみぞの深さ

	地点Ｃ
１回目	4.5mm
２回目	6mm
３回目	5mm

①　容器の下に置いた台を外す。
②　容器の下に台を３つ重ねて置く。
③　紙コップに開けた穴のすぐ上に直径２mmの穴をもう１つ開ける。

イ　友也さんは、これまでの結果をもとに、大雨が降ると、川を流れる水の量が増え、川の災害が発生すると考えました。そこで、川の災害を防ぐ方法を調べ、**ノート３**にまとめました。**表１**、**表２**をもとにして、[お] に入る**適切な説明**を、**川の水の流れ**、**しん食**、**運ぱんという３つの言葉を用いて**書きなさい。

ノート３

《川の災害を防ぐ方法の一つ》
　川にコンクリート製のブロックを設置する。
《ブロックを設置する理由》
　ブロックを設置することで、[お] ことができ、川岸がけずられることを防いでいる。

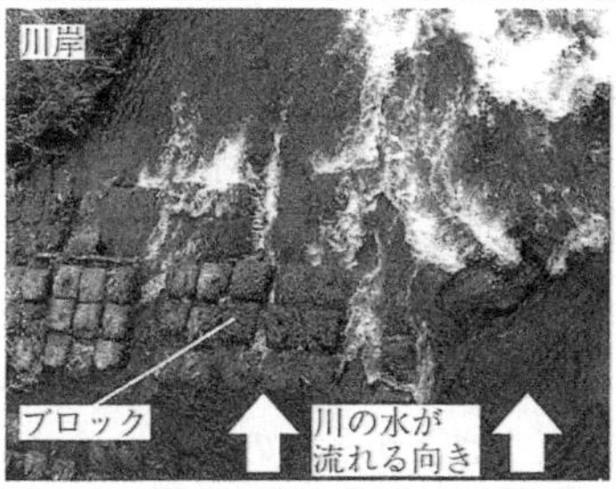

3 小学生の黎《れい》さんと中学生の明《あきら》さんはいとこ同士です。夏休みを利用して、東京に住んでいる明さんが黎さんを訪《たず》ねてきました。次の**1**、**2**の問題に答えなさい。

1 黎さんと明さんは、近くに住んでいるおばあさんの家を歩いて訪ねようと話をしています。あとの**（1）**～**（5）**の問題に答えなさい。

明さん　おばあさんと会うのは久しぶりだな。
黎さん　そういえば、おばあさんの家の近くに㋐漫画《まんが》の主人公の銅像が３体できたよ。
明さん　せっかくだから、おばあさんの家だけでなく、銅像も見に行きたいな。
黎さん　おばあさんの家に行く途中《とちゅう》に㋑公園もあるから、そこにも寄っていこうよ。
明さん　それはいいね。どの道を通って行くか、地図アプリで調べてみよう。
黎さん　うん、そうしよう。じゃあ、午前10時に出発しよう。
明さん　外は暑いから、氷を入れた冷たい飲み物を持っていこう。
黎さん　そうだね。そういえば、㋒水は何℃でこおり始めるのかな。
明さん　帰ってきたら、実験して調べてみよう。

（1） 明さんが、黎さんの家からおばあさんの家までと、おばあさんの家から銅像A、B、Cまでの道のりを地図アプリで調べたところ、**図１**の太線のように表示されました。おばあさんの家からそれぞれの銅像までの道のりについて、**長い方から順番に、銅像の記号A、B、Cで**答えなさい。

図1

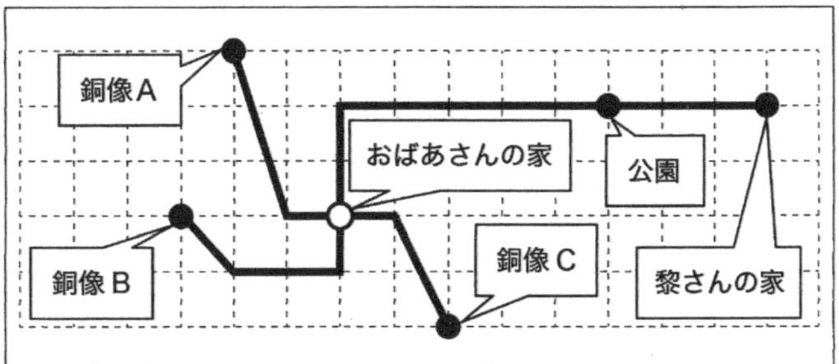

※点線で表されたマスは、すべて正方形

（2） 「㋐漫画の主人公の銅像」とありますが、黎さんと明さんが銅像Aのキャラクターについて調べたところ、漫画の設定の身長は250cmであり、銅像Aの身長は160cmであることが分かりました。**銅像Aの身長は、漫画の設定の身長の何％**にあたるか答えなさい。

（3） 「㋑公園」とありますが、黎さんと明さんは、午前10時に黎さんの家を出発し、途中に立ち寄った公園で20分間休みました。その後、おばあさんの家に向かったところ、午前10時44分に到着《とうちゃく》しました。黎さんの家からおばあさんの家までの道のりが1.2kmであるとき、**１分間あたりに歩いた平均の距離《きょり》は何メートル**か答えなさい。ただし、公園で休んだ時間は歩いていないものとします。

（4） 黎さんと明さんは、おばあさんの家を出発して帰宅《きたく》するまでの計画を立て、**メモ**にまとめました。計画どおりに実行したところ、午後２時40分に帰宅しました。同じ計画のまま午後２時30分に帰宅するためには、**計画どおりに歩いた速さの何倍の速さ**で歩けばよかったのか答えなさい。

メモ　帰宅するまでの計画

・午後２時に出発する。
・銅像A、Bの順に見に行く。
・各銅像を５分間鑑賞《かんしょう》する。
・途中で休憩《きゅうけい》はしない。

(5)「㋒水は何℃でこおり始めるのかな」とありますが、黎さんと明さんは、水がこおり始める様子について調べるために、次のように**実験**を行いました。あとの**ア～ウ**の問題に答えなさい。

実験

[手順]

1　試験管を１本準備し、試験管に水を６mL入れる。

2　ビーカーの中に、食塩がとけ残るまでとかした食塩の水溶液《すいようえき》と氷を入れる。

3　**図2**のように、手順１で準備した試験管を手順２で用意したビーカーの中に入れて固定し、試験管の中に、ぼう温度計を入れ、ぼう温度計が示す温度と試験管に入れた水の様子を記録する。

4　１分ごとに、ぼう温度計が示す温度と試験管に入れた水の様子を確認《かくにん》して、記録する。

5　ビーカーの中に試験管を入れてから15分後の、ぼう温度計が示す温度と試験管に入れた水の様子を確認して、記録する。

6　手順３～５の結果をもとに、ビーカーの中に試験管を入れてからの時間と、ぼう温度計が示す温度の関係を**グラフ**にする。また、試験管に入れた水の様子を**図3**にまとめる。

図2

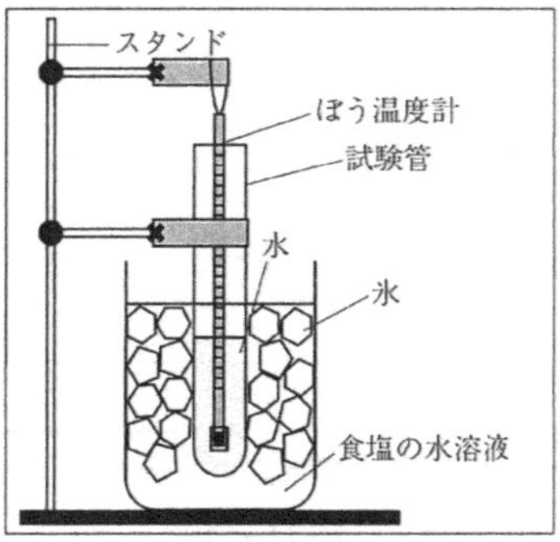

グラフ　**ビーカーの中に試験管を入れてからの時間とぼう温度計が示す温度の関係**

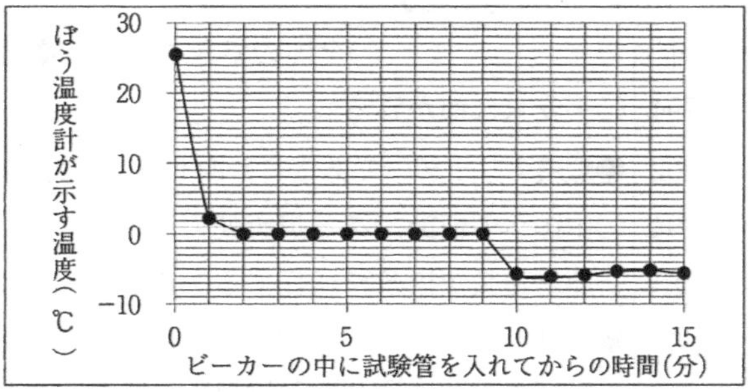

ア　**試験管に入れた水**がこおり始めたとき、**試験管に入れた水**の温度は**何℃**か答えなさい。

イ　ビーカーの中に試験管を入れてから５分後の**試験管に入れた水**のすがたを表すものを、次の**あ～え**から**１つ**選び、**記号**で答えなさい。

あ　固体のみ
い　液体のみ
う　気体のみ
え　固体と液体がまざっている

図3　**試験管に入れた水の様子**

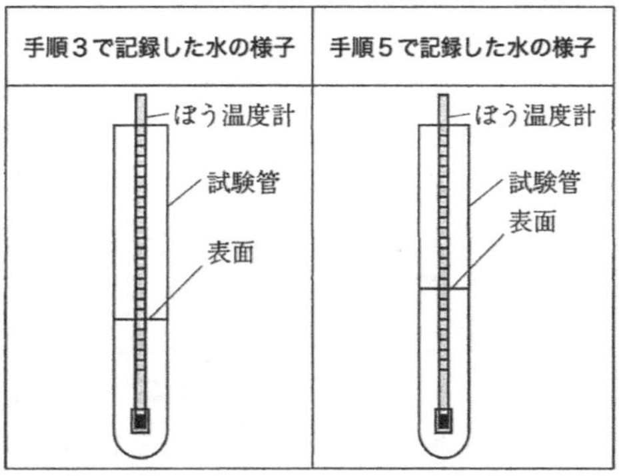

ウ　黎さんは、この実験で分かった現象に関わりがあることがらとして、寒い地域で行われている「水《みず》抜《ぬ》き」を知りました。「水抜き」とは、冬場の夜に家の水道管の中の水を抜く作業のことをいいます。**何のために「水抜き」を行うのか、図3を参考に、水の性質にふれて説明**しなさい。

2 おばあさんの家から帰ってきた黎さんは、明さんに夏休みの自由研究について相談することにしました。あとの **(1)～(3)** の問題に答えなさい。

黎さん	夏休みの自由研究について、テーマが決まらなくて悩《なや》んでいるんだ。
明さん	学校での勉強で、興味をもったことはあるかな。
黎さん	うん。社会科の授業で知った世界遺産《いさん》の㋓平泉《ひらいずみ》が興味深かったかな。
明さん	そうなんだね。平泉といえば、江戸《えど》時代に㋔松尾芭蕉《まつおばしょう》が訪《おとず》れていることが『おくのほそ道』を読むと分かるよ。
黎さん	知っているよ。俳句《はいく》で有名な人だよね。平泉までどこを通って行ったのかな。
明さん	現在の宮城県の仙台《せんだい》市や多賀城市、松島町などを通って平泉に行ったみたいだね。そういえば、新聞記事にあったけれど、㋕多賀城がつくられてから1300年になることを記念して、南門《なんもん》を復元しているみたい。完成したら行きたいな。

(1) 「㋓平泉」とありますが、黎さんは平泉について調べを進めていくうちに、平泉が栄えた平安時代のできごとに興味をもちました。社会科の授業で配布された**資料1**から読み取れる平安時代のできごとについて、あとの**ア～エ**から**1つ選び、記号**で答えなさい。

資料1 社会科の授業で配布されたプリントの一部

《平安時代のできごと》

年	○全国のできごと　●東北地方のできごと
794	○平安京に都が移る。
802	●蝦夷《えみし》のリーダーであるアテルイが、征夷大将軍《せいいたいしょうぐん》の坂上田村麻呂《さかのうえのたむらまろ》に降伏《こうふく》する。※1
894	○中国への使節である遣唐使《けんとうし》の派遣《はけん》が中止される。※2
1016	○藤原道長《ふじわらのみちなが》が摂政《せっしょう》に就任《しゅうにん》する。※3
1087	●前九年合戦に続いて起きた後三年合戦という大きな戦乱《せんらん》が終わる。源義家《みなもとのよしいえ》の助けを借りて勝利した藤原清衡《きよひら》は平泉を中心に東北地方に勢力を築く。※4
1189	●藤原泰衡《やすひら》が源義経《よしつね》を倒《たお》す。その後、奥州《おうしゅう》藤原氏は源頼朝《よりとも》により滅《ほろ》ぼされる。

《解説》

※1　朝廷《ちょうてい》は、主に東北地方に住む朝廷に従《したが》わない人々を「蝦夷」と呼《よ》び、従わせるためにたびたび軍を派遣していた。坂上田村麻呂は軍を率いた「征夷大将軍」であった。

※2　遣唐使の派遣が中止された後、中国から取り入れた文化も参考にして、かな文字や大和《やまと》絵など朝廷を中心とした華《はな》やかな日本風の文化が発展《はってん》した。

※3　摂政とは、天皇《てんのう》が幼《おさな》い時などに天皇を補佐《ほさ》する役職である。藤原道長は娘《むすめ》を天皇の妃《きさき》にして、天皇との間に生まれた子を天皇に即位《そくい》させ、摂政に就任し、政治を行った。

※4　勢力を広げた藤原清衡は中尊寺金色堂《ちゅうそんじこんじきどう》を建て、その子孫である基衡《もとひら》、秀衡《ひでひら》は毛越寺《もうつうじ》を再建した。平泉には、奥州藤原氏（藤原清衡、基衡、秀衡、泰衡）によって築かれた文化遺産《いさん》が現在も残っている。

ア　アテルイは東北地方で朝廷の軍と戦ったが、源頼朝に降伏した。
イ　朝廷は894年以降《いこう》も遣唐使を派遣し、遣唐使は日本にかな文字を伝えた。
ウ　藤原道長は蝦夷を攻《せ》める軍を率いた摂政として、平泉で天皇とともに政治を行った。
エ　11世紀の大きな戦乱の後、藤原清衡は平泉に中尊寺金色堂を建てた。

(2)「㋔松尾芭蕉」とありますが、黎さんは、社会科の授業で配布された、松尾芭蕉と平泉についての**資料２**をふまえて、**ノート**を作成しました。**資料２**を参考にして、**ノート**の［　あ　］に入る**適切な説明**を書きなさい。

資料２　**社会科の授業で配布されたプリントの一部**

《松尾芭蕉と平泉》
- 松尾芭蕉は江戸時代に俳句の作者として活躍《かつやく》した。
- 1689年に東北、北陸地方などをめぐる旅に出た。その旅の様子や旅先などで作った俳句を1694年頃《ころ》に『おくのほそ道』としてまとめた。
- 旧暦《きゅうれき》５月（現在の６月頃）に平泉を訪れ、次の俳句を作った。
  「五月雨《さみだれ》の　降《ふ》り残してや　光堂《ひかりどう》」
  ［現代語訳《やく》］五月雨はすべてのものを腐《くさ》らすのだが、ここだけは降らなかったのであろうか。五百年の風雪に耐《た》えた光堂のなんと美しく輝《かがや》いていることよ。
- 光堂とは、中尊寺にある金色堂のことである。
- 光堂のまわりや屋根におおいかぶせるように、「おおい堂」がつくられている。

（「芭蕉　おくのほそ道」より作成）

ノート

松尾芭蕉は、「五月雨の　降り残してや　光堂」という俳句を作ったが、500年もの間、雨が降らないことはないはずだ。500年たっても光堂が朽《く》ち果てなかったのは、［　あ　］からだと考えた。

(3)「㋕多賀城」とありますが、黎さんは多賀城が最初につくられた頃《ころ》の東北地方の様子について興味をもち、調べを進めていくうちに、**資料３**と**資料４**を見つけました。**資料３**と**資料４**をふまえ、**朝廷は８～９世紀の東北地方をどのように支配《しはい》していったのか、胆沢城《いさわじょう》や志波城《しわじょう》の役割《やくわり》にふれながら説明**しなさい。

資料３　**朝廷の支配領域《りょういき》の変化**

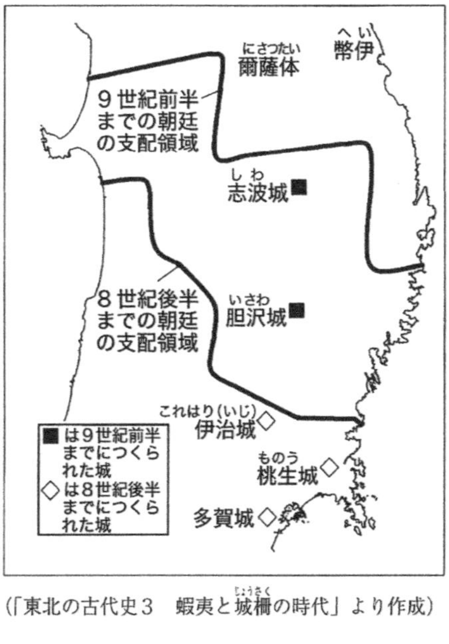

（「東北の古代史３　蝦夷と城柵《じょうさく》の時代」より作成）

資料４　**８～９世紀の東北地方（太平洋側）の様子**

- 東北地方には、朝廷に従わない人や、朝廷に対して反乱《はんらん》を起こす人もいたため、朝廷はたびたび軍を派遣した。
- 724年に、東北地方（太平洋側）の政治の拠《きょ》点《てん》として多賀城がつくられた。
- 坂上田村麻呂は、801年に胆沢地方の蝦夷との戦いに勝利し、802年に胆沢城をつくった。
- 坂上田村麻呂はさらに軍を進めて、803年に志波城をつくった。
- 志波城は811年に爾薩体《にさつたい》や幣伊《へい》の地方を攻《こう》撃《げき》するときの拠点になった。
- この頃の城には、戦いのための拠点としての役割と、支配するための行政的な役割があった。

2024(R6) 古川黎明中
教英出版

*

受検番号	

*

問題の番号				解答を記入する欄
3	1	(1)		銅像（　　　）→銅像（　　　）→銅像（　　　）
		(2)		（　　　　　　　　）%
		(3)		（　　　　　　　　）メートル
		(4)		（　　　　　　　　）倍
		(5)	ア	（　　　　　　　　）℃
			イ	
			ウ	
	2	(1)		
		(2)		
		(3)		

3 1．(1)4点
(2)4点
(3)5点
(4)5点
(5)ア．4点
イ．4点
ウ．7点
2．(1)4点
(2)6点
(3)7点

令和５年度　宮城県立中学校入学者選抜《せんばつ》適性検査

総合問題（筆記及び外国語（英語）のリスニング）

（古川黎明中学校）

検　査　用　紙

注　意

1　「始め」の指示があるまで，開いてはいけません。

2　「解答用紙」は，この表紙の裏面《りめん》になります。

3　「始め」の指示があったら，この表紙を取り外し，「解答用紙」に受検番号を記入してから，「解答用紙」が表になるように折り返しなさい。その後，問題に取り組みなさい。検査時間は60分です。

4　問題は，１ページから10ページまであります。

5　答えは，すべて「解答用紙」に記入しなさい。問題用紙の空いているところは，自由に使ってかまいません。

6　外国語（英語）のリスニングの問題は１ページと２ページです。問題は，放送の指示にしたがって行います。放送を聞きながら，メモをとってもかまいません。

7　声を出して問題を読み上げたり，大きな音を立てたりしてはいけません。

8　「やめ」の合図で，すぐにえんぴつを置いてください。

解答用紙（古川黎明中学校）

〈注意〉 □ の欄《らん》に記入してはいけません。

※100点満点（1 8点，2 42点，3 50点）
（部分配点非公表）

＊

問題の番号				解答を記入する欄
1	1	No. 1		
		No. 2		
	2			
2	1	（1）		
		（2）		
		（3）		
	2	（1）	ア	（　　　　）℃
			イ	
		（2）		
		（3）	ア	測った温度が （ ）
			イ	

令和５年度　宮城県立中学校入学者選抜《せんばつ》適性検査

総合問題（筆記及び外国語（英語）のリスニング）

（古川黎明中学校）

問　題　用　紙

1 外国語（英語）のリスニング

1　これから英語で自《じ》己《こ》紹介《しょうかい》をします。No. 1とNo. 2の内容を**もっとも適切に表しているもの**を，次の**A，B，C**の中から，それぞれ**1つずつ選び，記号**で答えなさい。英語は**2回**放送されます。

教英出版注
音声は，解答集の書籍ＩＤ番号を教英出版ウェブサイトで入力して聴くことができます。

No. 1

A　　B　　C

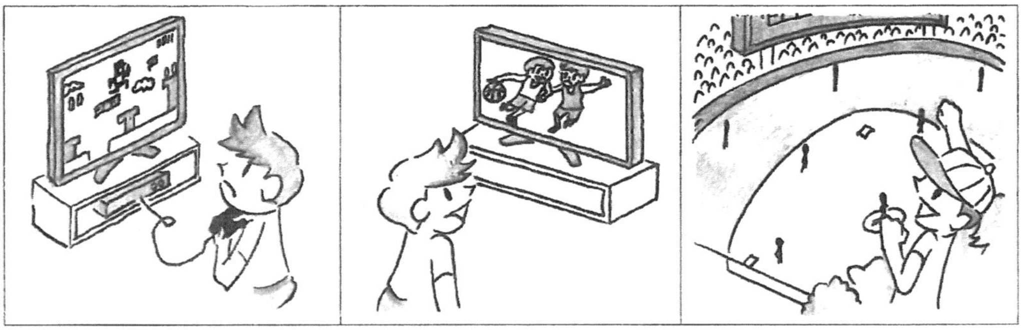

No. 2

A　　B　　C

2　アメリカから日本に来たソフィアさんとお母さんはレストランにいます。二人が席に着くと，店員さんがメニューを持ってきました。店員さんとお母さん，ソフィアさんの会話を聞いて，二人が注文したものとして**正しい組み合わせ**を，次のA，B，C，Dの中から**1つ選び**，**記号**で答えなさい。会話は**2回**放送されます。

	ソフィア	お母さん
A	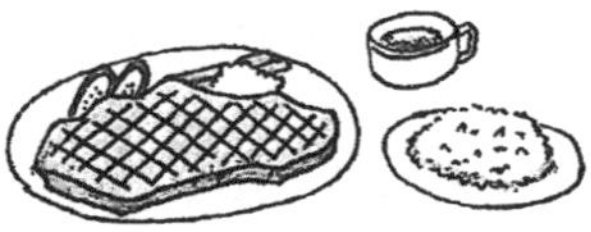 800円	 900円
B	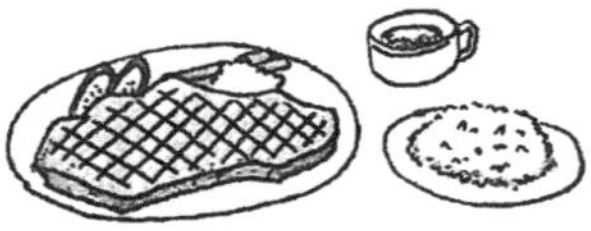 900円	 800円
C	 800円	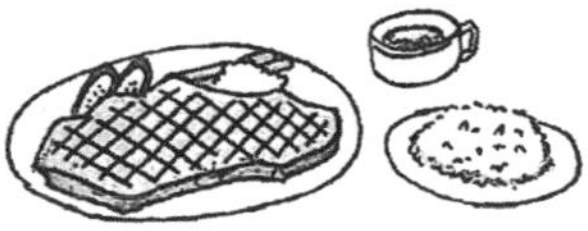 900円
D	 900円	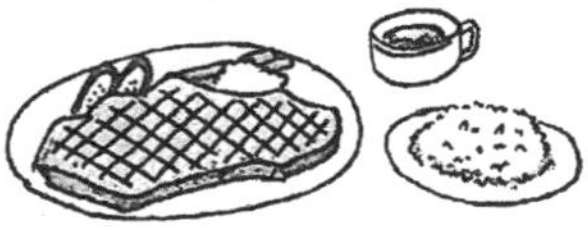 800円

2 達也《たつや》さんは，物の選び方や使い方について家族と話をしています。次の**1**，**2**の問題に答えなさい。

1 達也さんは，お金を貯《た》めて自転車を買おうと考えています。このことについて，お父さんと話をしています。あとの**（1）～（3）**の問題に答えなさい。

お父さん	最近，おこづかいをあまり使わず，お金を貯めているそうだね。
達也さん	うん。あと１年くらいはお金を貯めて，新しい自転車を買いたいんだ。
お父さん	なるほど。お金といえば，あと１年くらいで㋐お札《さつ》のデザインが新しいものになることを知っているかい。
達也さん	お札が変わってしまうのか。今までのお札は使えなくなるのかな。
お父さん	大丈夫だよ。今までのお札も使えるから安心していいよ。ところで，お金が貯まったらどのような自転車を買うつもりなんだい。
達也さん	実はまだ決めていないんだ。㋑どのような自転車がいいのだろう。
お父さん	せっかくお金を貯めて買うのだから，よく考えるといいよ。
達也さん	わかった。ありがとう。

（1）「㋐お札のデザインが新しいものになる」とありますが，達也さんは，五千円札に描《か》かれる津田梅子《つだうめこ》について調べ，**メモ**を作りました。また，達也さんは，社会科の授業で用いた**資料１**をふまえて，津田梅子がアメリカに留学したのは，明治政府の進めた新しい国づくりと関係があったのではないかと考え，**ノート１**にまとめました。**メモ**と**資料１**を参考にして，達也さんがまとめた**ノート１**の［　あ　］に入る適切な言葉を，あとの**ア～エ**から**１つ選び，記号**で答えなさい。

メモ　**津田梅子について調べたこと**

- 明治４年（1871年）11月に満６才でアメリカに向けて出発した。
- アメリカで11年間新しい知識や文化を学んだ。
- 帰国後は日本の女子教育に力をつくした。

資料１　**社会科の授業で用いたプリントの一部**

《五箇条《ごかじょう》の御誓文《ごせいもん》の一部をわかりやすくしたもの》
一　みんなが志をかなえられるようにしよう。
一　新しい知識を世界から学び，国を栄えさせよう。

《日本が欧米《おうべい》に送った使節団の説明》
明治４年（1871年）11月，大久保利通《おおくぼとしみち》らは，日本の使節団として，欧米の国々の視察《しさつ》に出発し，約２年間，新しい政治制度や工業などを学んだ。

ノート１

津田梅子のアメリカ留学は，明治政府による新しい国づくりと関係がある。明治政府は，日本を栄えさせるために，欧米の文化を取り入れながら，［　あ　］を進めようとしたのだろう。

ア　鎖国《さこく》　　**イ**　自由民権《みんけん》運動　　**ウ**　近代化　　**エ**　情報化

(2) 達也さんは，津田梅子がなぜアメリカへ留学することになったのかということについて調べを進め，社会科の授業で用いた**資料２**と学制《がくせい》公布後の就学率《しゅうがくりつ》の変化を示した**資料３**をふまえて，**ノート２**にまとめました。**資料２**と**資料３**を参考にして，達也さんがまとめた**ノート２**の［　い　］に入る**適切な言葉**を書きなさい。

資料２　社会科の授業で用いたプリントの一部

《「日本の女子高等教育の歴史」という資料の内容をわかりやすくしたもの》

北海道を開発する仕事をしていた黒田《くろだ》清隆《きよたか》（のちの内閣《ないかく》総理大臣）は，明治４年（1871年）１月に欧米を訪問《ほうもん》した際，アメリカの女性の地位が高いことに心を打たれた。黒田は，日本の将来《しょうらい》の女子教育にそなえるために，女子のアメリカ留学を後押《あとお》しした。

資料３　学制公布後の就学率の変化

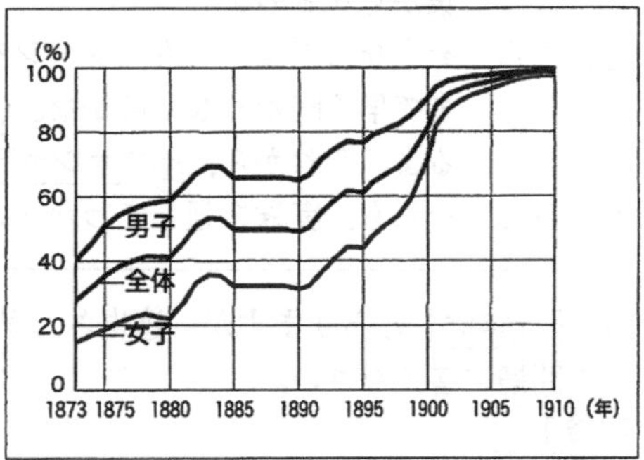

（文部省「学制百年史」より作成）

ノート２

明治５年（1872年）に公布した学制によって，６才以上の男女が小学校に通うことが定められた。明治６年（1873年）における子供《こども》全体の就学率は，30％程度にとどまっており，ほとんどの子供たちが学校に通うまでには，学制公布から約30年かかった。明治６年における就学率について，およそ30％という数字とともに注目すべき点は，［　い　］ということである。

明治政府は，欧米が行っているような教育を日本に取り入れようとした。津田梅子のアメリカ留学は，明治政府のこうした動きのなかで実現したと考えられる。

(3) 「①どのような自転車がいいのだろう」とありますが，達也さんは，購入《こうにゅう》する自転車の候補《こうほ》として，見た目や機能がよく似ているＡとＢの自転車を選びました。さらに，家庭科の授業で用いた**資料４**をふまえて**表１**を作成し，よく考えた結果，Ａの自転車を買うことにしました。達也さんが**Ａの自転車を買うことに決めた理由**として考えられることを，**資料４**と**表１**を参考にして，Ａの自転車とＢの自転車を比較《ひかく》しながら書きなさい。

資料４　家庭科の授業で用いたプリントの一部

《物を選ぶとは》

どのような物を選ぶかということは，自分が大事にしている考えを表現することであるといえます。上手な物の選び方を工夫《くふう》しましょう。

《物を選ぶときの観点の例》

・値段《ねだん》　・機能　・安全性

表１　ＡとＢの自転車を比較したもの

購入する自転車の候補	値段	エスジーマーク
Ａの自転車	５万円	あり
Ｂの自転車	３万円	なし

2　達也さんは，電気式暖房《だんぼう》器具を使って部屋を暖《あたた》めることにしました。このことについて，お母さんと話をしています。あとの **(1)** ～ **(3)** の問題に答えなさい。

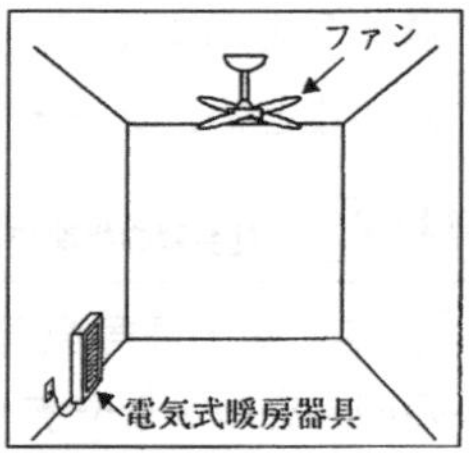

達也さん　冬は暖房器具を使っても部屋全体を暖めるには時間がかかるよね。
お母さん　暖房器具と一緒にファンを回すと，足もとまで早く暖かくなるのよ。
達也さん　そうなんだね。でも，ファンを回すと本当に足もとまで早く暖かくなるのかな。㋒実験をして調べてみるよ。それから，㋓ファンが天井《てんじょう》に付いていることにも意味があるのかな。
お母さん　それも，実験を通してわかるといいね。

(1)　「㋒実験」とありますが，達也さんが行った次の**2つの実験を参考に**，あとの**ア**，**イ**の問題に答えなさい。

実験1

[手順]
1　部屋に見立てた空《から》の水槽《すいそう》を準備する。
2　水槽の中に，暖房器具の代わりとして白熱電球を置く。
3　水槽の内側の，上の方と下の方にそれぞれ温度計を取り付け，ふたをする。
4　電源装置《でんげんそうち》と白熱電球をつなぎ，白熱電球をつけ，5分ごとにそれぞれの温度計で温度を測る。
5　手順4で測った温度を**表2**に記録する。

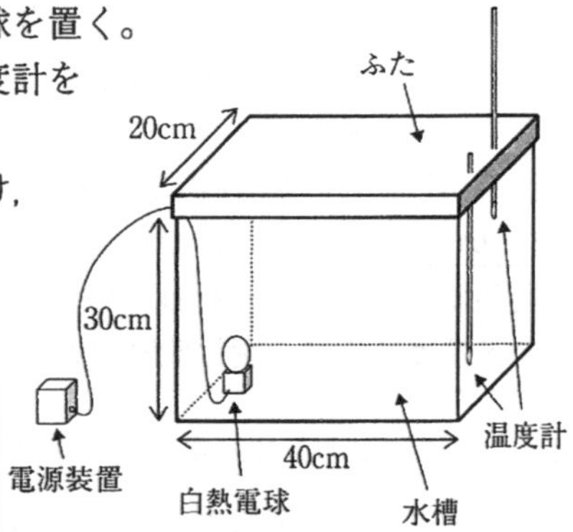

表2

白熱電球をつけてからの時間	0分	5分	10分	15分	20分
上の方の温度（℃）	10	21	28	35	39
下の方の温度（℃）	10	15	20	24	27

実験2

[手順]
1　**実験1**の装置のふたの真ん中付近に，ファンの代わりとして乾電池《かんでんち》で動くプロペラを取り付ける。
2　白熱電球をつけ，プロペラを回し，**実験1**と同じように5分ごとにそれぞれの温度計で温度を測る。
3　手順2で測った温度を**表3**に記録する。

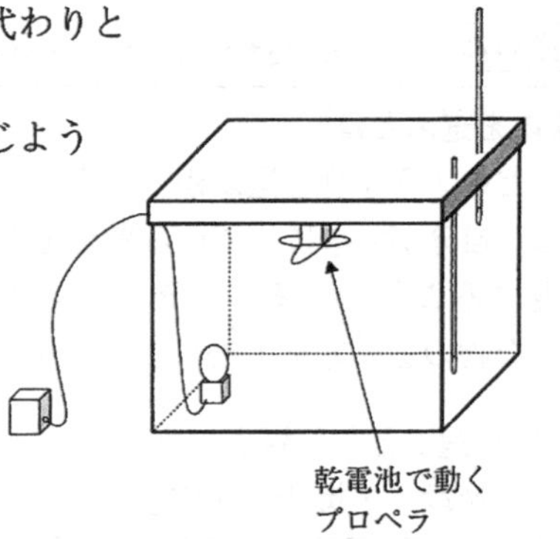

表3

白熱電球をつけてからの時間	0分	5分	10分	15分	20分
上の方の温度（℃）	10	19	25	30	34
下の方の温度（℃）	10	21	27	31	35

2 アメリカから日本に来たソフィアさんとお母さんはレストランにいます。二人が席に着くと，店員さんがメニューを持ってきました。店員さんとお母さん，ソフィアさんの会話を聞いて，二人が注文したものとして正しい組み合わせを，次のA，B，C，Dの中から１つ選び，記号で答えなさい。会話は２回放送されます。【空白２秒】では，始めます。【空白２秒】

Clerk : Hello. Welcome to our restaurant. This is our menu today.
Mother : Thank you.
Clerk : A spaghetti set is nice. You can eat spaghetti, salad and cake. It's 800 yen. A steak set is good, too. You can eat steak, rice and soup. It's 900 yen.
Mother : I see.
Clerk : What would you like?
Mother : What do you want, Sophia?
Sophia : I'd like a steak set. How about you, mom?
Mother : Well, I'd like a spaghetti set.
Clerk : OK, one steak set and one spaghetti set. Anything else?
Mother : No, thank you.

【空白１５秒】

くり返します。

Clerk : Hello. Welcome to our restaurant. This is our menu today.
Mother : Thank you.
Clerk : A spaghetti set is nice. You can eat spaghetti, salad and cake. It's 800 yen. A steak set is good, too. You can eat steak, rice and soup. It's 900 yen.
Mother : I see.
Clerk : What would you like?
Mother : What do you want, Sophia?
Sophia : I'd like a steak set. How about you, mom?
Mother : Well, I'd like a spaghetti set.
Clerk : OK, one steak set and one spaghetti set. Anything else?
Mother : No, thank you.

【空白１５秒】

2023(R5) 古川黎明中
教英出版

作文　解答用紙

＊　の欄《らん》に記入してはいけません。

〔注意〕
① 題名、氏名は書かずに、一行目から書き始めること。
② 原稿《げんこう》用紙の正しい使い方にしたがい、文字やかなづかいも正確に書くこと。

受検番号

＊

※25点満点
（評価基準非公表）

400字

500字

検査問題

日本に初めて来た外国人に対して、あなたが良いと思う日本の文化または習慣を紹介《しょうかい》するとしたら、どのようなことを紹介しますか。理由を含めて四百字以上五百字以内で書きなさい。

〔注意〕

① 題名、氏名は書かずに、一行目から書き始めること。

② 原稿《げんこう》用紙の正しい使い方にしたがい、文字やかなづかいも正確に書くこと。

令和五年度　宮城県立中学校入学者選《せん》抜《ばつ》適性検査

作文

（古川黎明中学校）

検査用紙

注意

一　「始め」の指示があるまで、開いてはいけません。

二　「始め」の指示があったら、中を開いて、「解答用紙」に受検番号を記入しなさい。
検査時間は四十分です。

三　作文の「検査用紙」には、表紙に続き、「検査問題」があります。「解答用紙」は、別に一枚《まい》あります。

教英出版

教英出版注
音声は，解答集の書籍ＩＤ番号を教英出版ウェブサイトで入力して聴くことができます。

令和５年度宮城県立中学校入学者選抜適性検査
総合問題（外国語（英語）のリスニング）台本

1　これから英語で自己紹介をします。No. １と No. ２の内容をもっとも適切に表しているものを，次のＡ，Ｂ，Ｃの中から，それぞれ１つずつ選び，記号で答えなさい。英語は２回放送されます。【空白２秒】では，始めます。【空白２秒】

No.1

Hello. My name is Satoshi. Nice to meet you. I like sports. I sometimes watch baseball games.

【空白５秒】

くり返します。

Hello. My name is Satoshi. Nice to meet you. I like sports. I sometimes watch baseball games.

【空白１０秒】

No.2

Hi! I'm Aya. Nice to meet you. My birthday is June fifth. I want a cap for my birthday.

【空白５秒】

くり返します。

Hi! I'm Aya. Nice to meet you. My birthday is June fifth. I want a cap for my birthday.

【空白１５秒】

つぎの問題に移ります。２ページを見てください。

ア　**実験１**の**表２**の，**０分から５分の間**では，水槽の中の**下の方の温度**は，**１分間あたり何度（℃）上がったか**，答えなさい。

イ　**実験２**の**表３**から，**下の方の温度が30℃**になったのは，白熱電球をつけてから**何分何秒後**と考えられるか，**適切なもの**を次の**あ～え**から**１つ選び，記号**で答えなさい。ただし，10分から20分の間では，下の方の温度は一定の割合《わりあい》で上がるものとします。

あ　12分40秒　　**い**　13分00秒　　**う**　13分45秒　　**え**　14分15秒

(2)「㋓ファンが天井に付いている」とありますが，達也さんは，**表２**と**表３**から**ファンが天井に取り付けられている理由**を，**ノート３**のように まとめました。**表２，表３の結果**をもとにして，**暖められた空気の性質と動きにふれながら** [う] **に入る説明**を書きなさい。

ノート３

ファンが天井に付けられている理由は，[う] ことによって，部屋の下の方を早く暖めることできるから。

(3) 達也さんは，コンピュータを使って，水槽の中が適温になった時に，自動でスイッチが切れるプログラムをつくることにしました。そこで，**実験２**の装置の２つの温度計を取り外し，新たに温度センサーを取り付け，**条件**と**プログラムの流れ**を考えました。

[条件]

・測った温度が設定温度以上なら，白熱電球を消しプロペラを止める。

・測った温度が設定温度より低いなら，５分間待ち再び温度を測る。

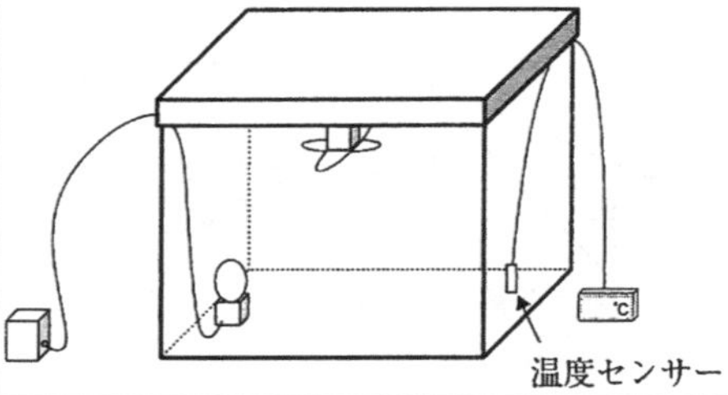

[プログラムの流れ]

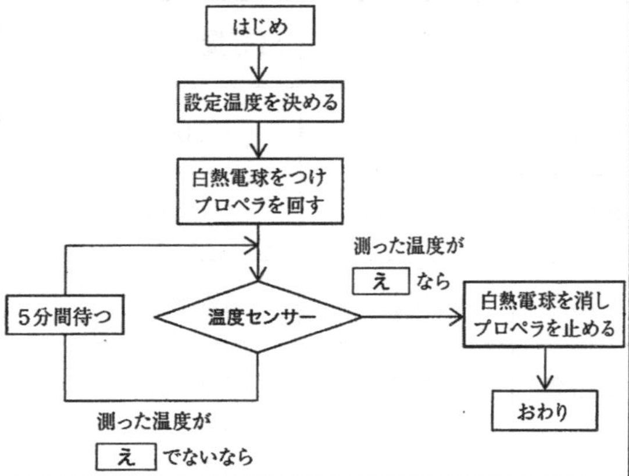

達也さんは，**条件**の設定温度を25℃としたいと考えたので，**プログラムの流れ**の [え] を「25℃」として，水槽の中が10℃の状態からプログラムを実行しました。しかし，15分を過ぎても**「おわり」に進みませんでした。**そこで，プログラムを見直したところ，[え] **を「25℃」としたところが誤《あやま》り**だと気づきました。次の**ア，イ**の問題に答えなさい。

ア　[え] を「25℃」としたところが誤りなのは，プログラムにおいて**どのようなことが起こるからか，「測った温度が」の書き出しに続けて**書きなさい。

イ　正しくプログラムを動かすには，[え] **をどのように修正するとよいか，数字や記号，言葉を用いて**書きなさい。

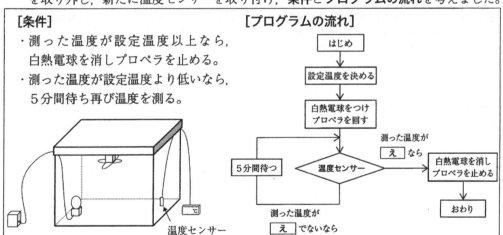

3 黎《れい》さんは，家族と一緒《いっしょ》に休日を過ごしています。次の**1**，**2**の問題に答えなさい。

1 黎さんは，お母さんと話をしながら，スーパーマーケットの食品売り場で買い物をしています。あとの**（1）～（3）**の問題に答えなさい。

黎 さ ん	同じピーマンでも，㋐さまざまな産地で収穫《しゅうかく》されたものが並《なら》んでいるね。
お母さん	そうね。いろいろな産地から市場を経由して，このスーパーマーケットに運ばれてくるのね。
黎 さ ん	前に買い物にきた時には，今とは違《ちが》う産地のピーマンが並んでいたよ。
お母さん	よく覚えているわね。細かな違いに気づくなんて偉《えら》いわ。
黎 さ ん	このお店は商品の見せ方が上手だから，さまざまな産地のピーマンが売られていることに気づいたんだ。
お母さん	このお店は，地域《ちいき》の人に気持ちよく買い物をしてもらうために，利用者の意見を聞いたり，商品を上手に並べたり，㋑さまざまな工夫《くふう》をしているわね。
黎 さ ん	うん，ピーマン以外にも㋒それぞれの商品が目立つように置かれているよ。

（1）「㋐さまざまな産地で収穫されたものが並んでいる」とありますが，次の**表1**，**資料1**から読み取れることとして適切なものを，あとの**ア～エ**から**1つ選び**，**記号**で答えなさい。

表1　ピーマンの全国合計収穫量と出荷《しゅっか》量の変化

	収穫量（トン）	出荷量（トン）
2016年	144800	127000
2017年	147000	129800
2018年	140300	124500
2019年	145700	129500
2020年	143100	127400

（農林水産省「作況《さっきょう》調査」より作成）

資料1　ピーマンの産地ごとの出荷量の割合《わりあい》（2020年）

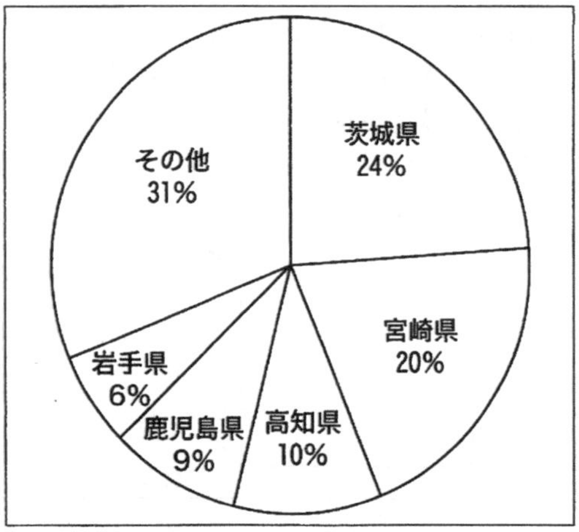

（農林水産省「作況調査」より作成）

ア　2016年以降《いこう》の５年間，全国の農家で収穫されたピーマンは，収穫されたものの９割以上が出荷されている。

イ　全国合計収穫量と出荷量を見ると，2017年以降2020年までの間で，前年に比べ収穫量が増加した年は，出荷量も増加している。

ウ　2020年の宮崎県でのピーマンの出荷量は，３万トン以上であり，高知県でのピーマンの出荷量は，２万トン以上である。

エ　2020年における全国のピーマンの出荷量のうち，九州地方から出荷されたものの割合は，全体の４分の１未満である。

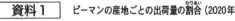

(2) 「㋑さまざまな工夫」とありますが，黎さんが行ったスーパーマーケットでは，**資料2**の意見をふまえ，利用者がレジで会計をする際の並び方を工夫しました。次の**図1**，**図2**を比べ，工夫をしたことで，利用者に**どのような良い点があると考えられるか**，説明しなさい。

資料2 利用者からの意見

> 会計を待っている時，私の方が先に並んでいるのに，別の列に後から並んでいる人が早くレジで会計をしていることがあります。どうにかなりませんか。

図1 工夫する前の並び方

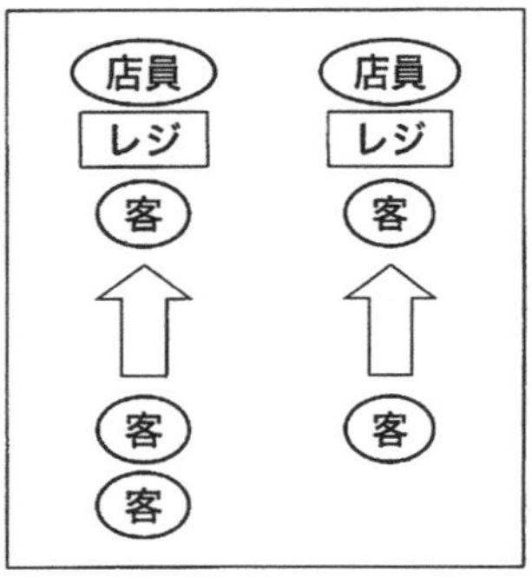

図2 工夫した後の並び方

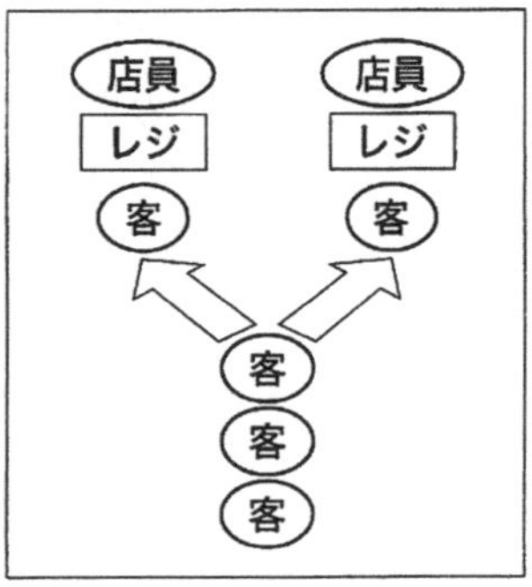

(3) 「㋒それぞれの商品が目立つように置かれている」とありますが，缶詰《かんづめ》が**図3**のように積み重ねられていました。この缶詰の形はすべて同じ円柱で，底面の半径は4cm，高さは10cmです。**図4**は，積み重ねられた缶詰の2段《だん》目と3段目だけを取り出し，上から見て重なっている部分をぬりつぶして表したものです。また，**表2**はそれぞれの段に積み重ねられた缶詰の個数を示したものです。あとの**ア～エ**の問題に答えなさい。ただし，円周率 は3.14とします。

図3

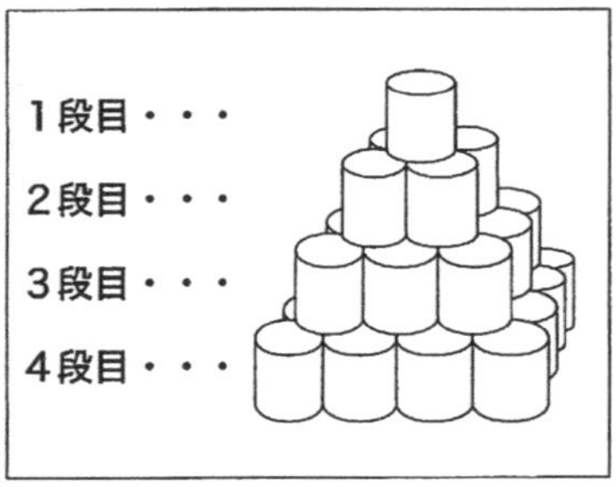

図4

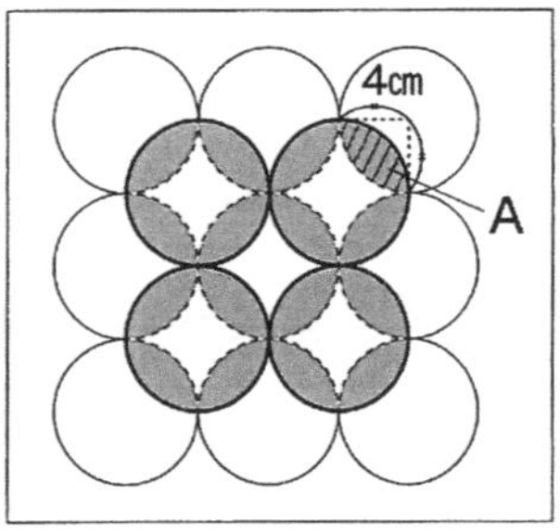

表2

段数	缶詰の個数
1段目	1個
2段目	4個
3段目	9個
4段目	16個

ア 缶詰と同じ，底面の半径が4cm，高さが10cmの円柱があります。円柱の高さは変えずに，**底面の直径が2倍**になるとき，**円柱の体積は何倍**になるか答えなさい。

イ **図3**，**図4**のような積み方で段数が8段になるとき，缶詰は合計で**何個**になるか，答えなさい。ただし，すべて同じ大きさの缶詰が積み重ねてあることとします。

ウ **図4**の**斜線《しゃせん》部分A**は，缶詰と缶詰が重なってできる図形です。**斜線部分Aの面積は何cm^2**になるか答えなさい。

エ **図3**，**図4**のような積み方で段数が5段になるとき，缶詰と缶詰が重なってできる図形の**面積は合計何cm^2**になるか，その**求め方を式と言葉を使って**説明しなさい。ただし，缶詰と缶詰が重なってできる図形は，すべて合同とします。

2　買い物を終えて家に帰って来た黎さんが，夕食の準備をはじめようとしているお父さん，お母さんと話をしています。あとの（**1**），（**2**）の問題に答えなさい。

お母さん　いため物をつくるから，もやしとピーマンを持ってきてちょうだい。
黎 さ ん　はい，持ってきたよ。もやしは植物のからだのどの部分なのかな。
お父さん　白い部分はほとんど茎《くき》だよ。豆に光を当てないで発芽させたものを「もやし」と言うんだよ。スーパーマーケットで売られている「もやし」は㋓リョクトウの種子を育てたものが多いんだよ。
黎 さ ん　リョクトウの種子に光を当てて育てるとどうなるのかな。
お父さん　光を当てると，光を当てないで育てたときほど長く伸びず，色は緑色になるんだよ。
黎 さ ん　そうなんだ。じゃあ，ピーマンのふだん食べている部分は植物のからだのどの部分かな。
お父さん　葉と同じ緑色だけど，実の部分だよ。中に種が入っているからね。
黎 さ ん　葉と同じで，ピーマンに㋔光を当てたら酸素を出したり二酸化炭素を取りこんだりするのかな。実験して確かめてみるよ。

（**1**）「㋓リョクトウの種子」とありますが，リョクトウの種子を発芽させ，**図5**のように，子葉２枚《まい》のものを**種子A**，子葉の片方《かたほう》を切り取ったものを**種子B**とします。４日目の成長の様子について，**種子A**に光を当てて育てた場合を①，光を当てないで育てた場合を②として**図6**に示しています。また，光を当てて育てた場合と，光を当てないで育てた場合について，発芽した種子が成長した４日目と８日目の植物の高さを**図7**に示しています。あとの**ア**，**イ**の問題に答えなさい。

図5　発芽させたリョクトウの種子

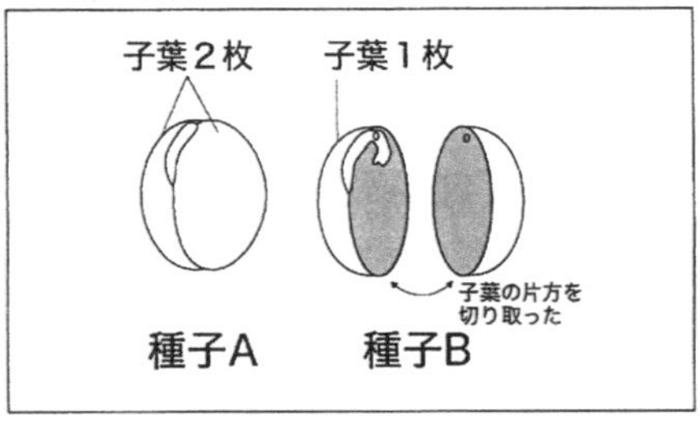

図6　発芽した種子の成長

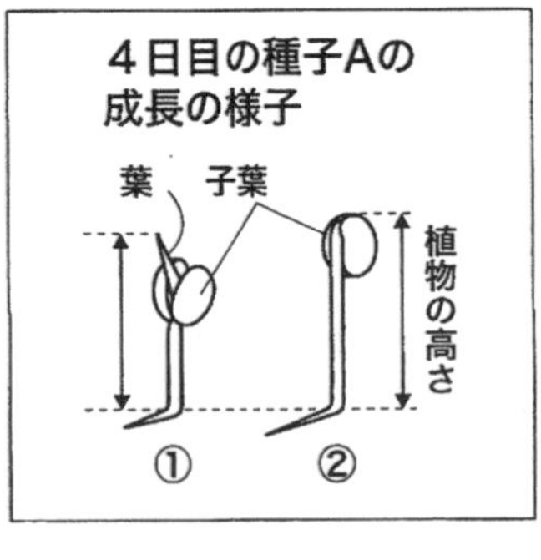

図7　発芽した種子が成長した植物の高さ

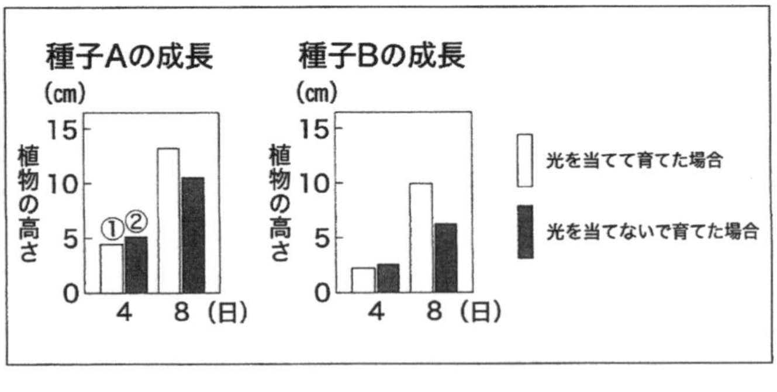

ア　発芽した種子が成長した植物の高さについて，**図7**から考えられることを述べた文として，**もっとも適切なもの**を，次の**あ～う**から**1つ選び，記号**で答えなさい。

あ　子葉の養分だけを使って成長する。
い　光に当たることでつくられた養分だけを使って成長する。
う　子葉の養分と，光に当たることでつくられた養分を使って成長する。

イ　図6と図7から，発芽した**種子A**の成長について，4日目の時点では，光を当てて育てた①よりも，光を当てないで育てた②のほうが長く伸《の》びていました。その後，8日目では，光を当てて育てた①の方が，②と比べて長く伸びていました。このように，発芽した種子に光を当てないで育てた方が，はじめは長く伸びるという**性質**があります。この性質が，**図8**のように土の中に埋《う》められた種子が発芽したとき，**成長に有利になる理由**を，**図7**を参考にして説明しなさい。

図8　**土の中の種子**

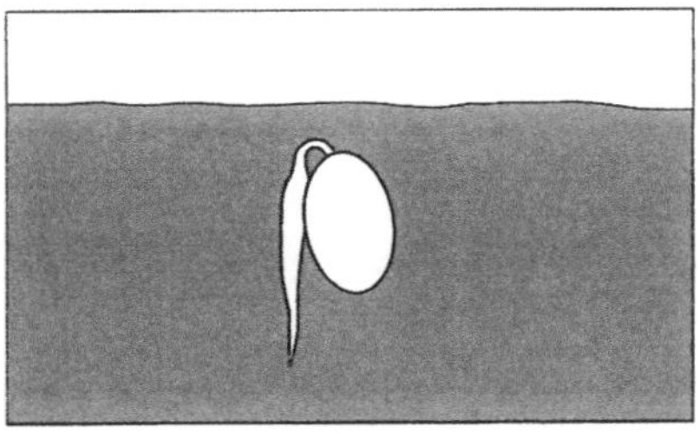

（2）「㋔光を当てたら酸素を出したり二酸化炭素を取りこんだりする」とありますが，黎さんは，ピーマンに光を当てたことによる酸素の体積の割合と二酸化炭素の体積の割合の変化を調べる**実験**を行いました。あとの**ア，イ**の問題に答えなさい。

実験

ピーマン4個をポリエチレンの袋《ふくろ》に入れた**袋C**と，ピーマン4個をポリエチレンの袋に入れたものを箱に入れて光を当てないようにした**袋D**，空気だけを入れた**袋E**，空気だけを入れたものを箱に入れて光を当てないようにした**袋F**を用意する。それぞれの袋に息を吹《ふ》きこんだあと，袋の口を輪ゴムでしばり，酸素と二酸化炭素の体積の割合を測ったところ，すべての袋で酸素は約16%，二酸化炭素は約5%だった。その後，照明装置《そうち》でそれぞれ光を当て，3時間後に袋の中の気体の体積の割合を測った結果を**表3**に記録した。

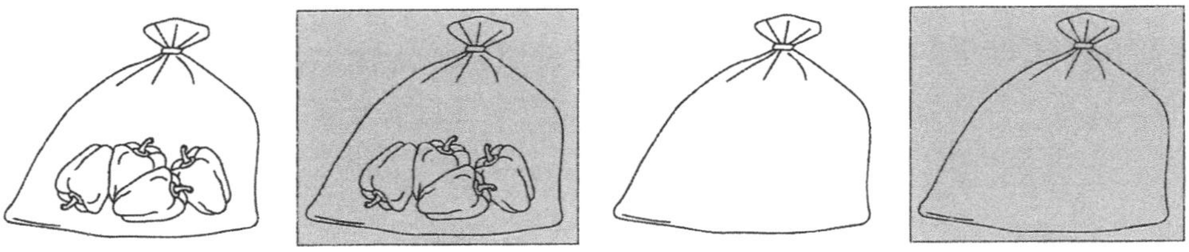

袋C　**袋D**　**袋E**　**袋F**

表3

	袋C	**袋D**	**袋E**	**袋F**
酸素の割合 (%)	16	14	16	16
二酸化酸素の割合 (%)	5	7	5	5

ア　ピーマンの呼吸《こきゅう》のはたらきで変化した酸素の体積を知るために，どの袋の数値《すうち》を比べればよいか，**もっとも適切な組み合わせ**を，次の**あ～え**から**1つ選び，記号**で答えなさい。

あ　**袋C**と**袋E**　　**い**　**袋C**と**袋F**　　**う**　**袋D**と**袋E**　　**え**　**袋D**と**袋F**

イ　**表3**において，**袋C**で酸素の体積の割合の**数値が変化していない理由**を説明しなさい。ただし，ポリエチレンの袋は酸素や二酸化炭素を通さないものとします。

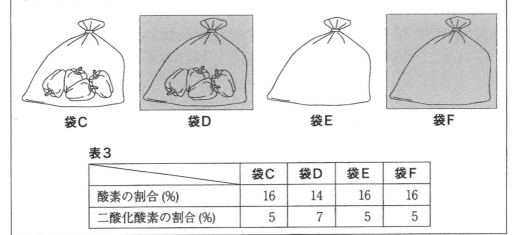

受　検　番　号	

*

問題の番号				解　答　を　記　入　す　る　欄
3	1	(1)		
		(2)		
		(3)	ア	(　　　　　　　　　　) 倍
			イ	(　　　　　　　　　　) 個
			ウ	(　　　　　　　　　　) cm^2
			エ	求め方
	2	(1)	ア	
			イ	
		(2)	ア	
			イ	

令和４年度　宮城県立中学校入学者選抜《せんばつ》適性検査

総合問題（筆記）

（古川黎明中学校）

検　査　用　紙

注　意

1　「始め」の指示があるまで，開いてはいけません。

2　「解答用紙」は，この表紙の裏面《りめん》になります。

3　「始め」の指示があったら，この表紙を取り外し，「解答用紙」に受検番号を記入してから，「解答用紙」が表になるように折り返しなさい。その後，問題に取り組みなさい。検査時間は60分です。

4　問題は，１ページから８ページまであります。

5　答えは，すべて「解答用紙」に記入しなさい。問題用紙の空いているところは，自由に使ってかまいません。

解答用紙（古川黎明中学校）

〈注意〉　　のらんに記入してはいけません。

※100点満点（1 50点，2 50点）
（部分配点非公表）

*

問題の番号				解答を記入するらん
1	1	(1)		あ
		(2)		
		(3)		良さ①
				良さ②
	2	(1)		い
				う
		(2)	ア	え
			イ	窓A側
				窓B側
	3	(1)		
		(2)		
		(3)		お
				か
				き

1 真《まこと》さんは，春休みに宮城県の沿岸《えんがん》部にあるおばあさんの家に遊びに行きました。次の**1〜3**の問題に答えなさい。

1 真さんは，おばあさんの家に向かう車の中で，お父さんと話をしています。あとの**(1)〜(3)**の問題に答えなさい。

真 さ ん	海が見えるよ。あのあたりではかきの養しょく漁業がさかんなんだよね。
お父さん	かきの養しょくといえば，漁師さんが山に木を植える活動をしているって聞いたことがあるかな。山を豊かにすることで，海を豊かにしようとしているんだよ。
真 さ ん	木を植えると山が豊かになるのはわかるけど，どうして海まで豊かになるのかな。
お父さん	山に雨が降ると，山の栄養分が川から海に運ばれるからなんだ。
真 さ ん	わかったぞ。「［ あ ］のじゅんかん」によって山の栄養分が海に運ばれるんだね。ほら，おばあさんの家のビニルハウスが見えてきたよ。
お父さん	おばあさんは作った野菜を農協や道の駅に出荷しているんだよ。この地域ではビニルハウスで野菜を作るしせつ栽培《さいばい》がさかんなんだ。今，おばあさんの家のビニルハウスではトマトが作られているようだね。
真 さ ん	トマトの旬《しゅん》は夏だけど，㋐ビニルハウスだと春でもトマトがとれるんだね。とれたトマトは地元で食べられているのかな。
お父さん	「地産地消」と言って，地域で生産したものを地域で消費する取り組みがさかんに行われているんだよ。
真 さ ん	㋑「地産地消」の取り組みにはどんなものがあるのか調べてみようかな。

(1) 会話文中の［ あ ］に入る**適切な言葉**を**漢字1字**で書きなさい。

(2) 「㋐ビニルハウスだと春でもトマトがとれる」とありますが，**資料1**からわかる**しせつ栽培の良い点を，**＊1**ろじ栽培と比べて，生産者の立場から**書きなさい。

資料1 トマトの栽培スケジュール

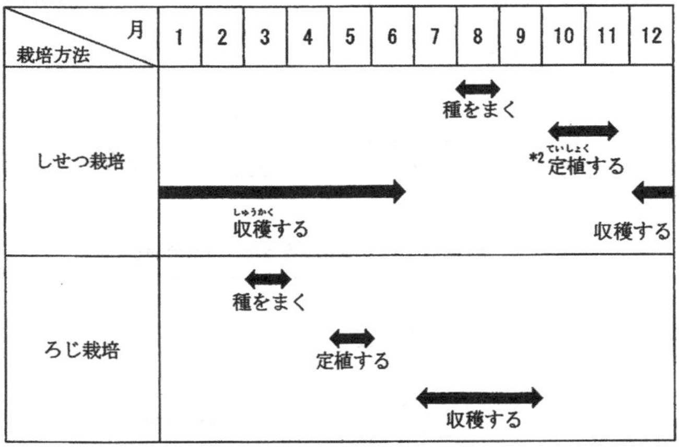

（「農林水産省ホームページ」より作成）

＊1ろじ栽培：ビニルハウスなどを使わず屋外の畑で育てること
＊2定植：苗《なえ》を畑に植え替えること

(3) 「㋑「地産地消」の取り組み」とありますが，真さんは「地産地消」の取り組みを調べるために，道の駅の直売コーナーへ行きました。**「地産地消」の良さ**について，**資料2**をもとに**消費者の立場から理由をふくめて2つ**書きなさい。

資料2 道の駅の直売コーナー

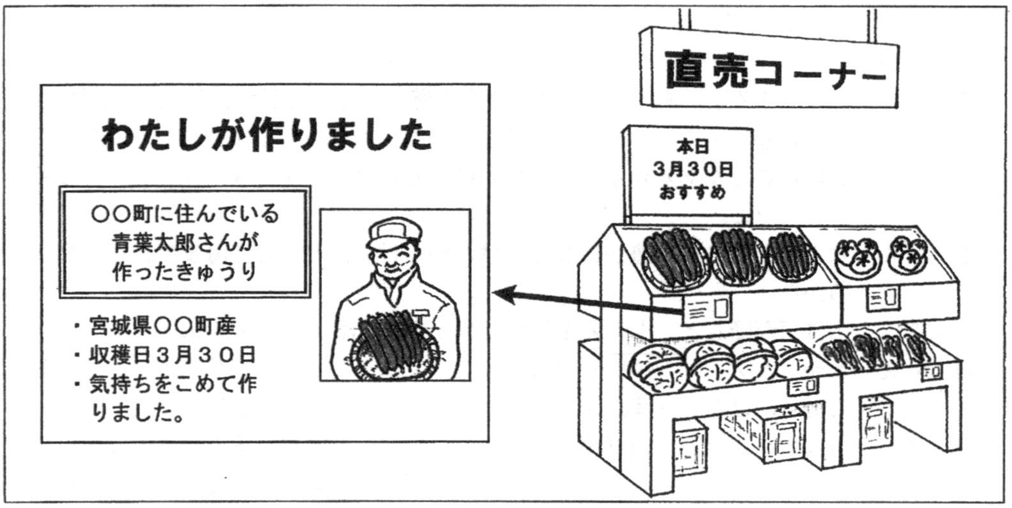

2 真さんは，おばあさんの家でいとこの春花《はるか》さんと遊んでいます。あとの **(1)**，**(2)** の問題に答えなさい。

真さん	輪ゴムを利用して進む車1号を，工作クラブで作ってゲームをしたんだ。
春花さん	おもしろそうね。やってみたいな。
真さん	発射《はっしゃ》台についている輪ゴムを車に引っかけて，車体を引いて手をはなせば車は進むよ。やってみて。
春花さん	思ったよりも遠くまで進んだよ。
真さん	工作クラブでは，旗を倒《たお》さずにどれだけ車を近づけられるか競争したんだ。輪ゴムを［ い ］と車の［ う ］の関係に気がついたから，優勝できたよ。
春花さん	すごいね。
真さん	今日は，車2号の材料と㋒計画カードも持ってきたからいっしょに作ろうよ。
春花さん	どんな車ができるのか楽しみね。

(1) 次の**図1**，**図2を参考にして**，会話文中の［ い ］と［ う ］に入る**適切な言葉**を書きなさい。

図1 車1号と発射台

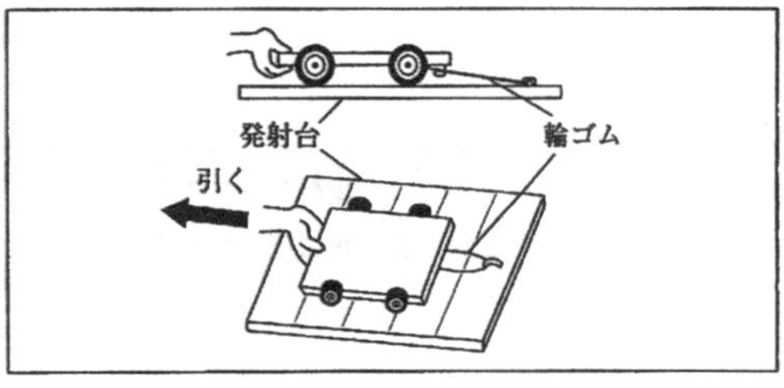

図2 工作クラブで行ったゲームの様子

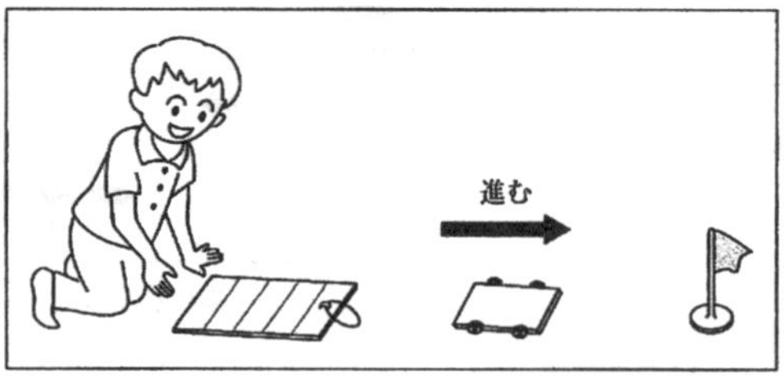

（2）「ⓤ計画カード」とありますが，真さんが作成した次の**計画カードを参考に，**あとの**ア，イ**の問題に答えなさい。

計画カード

〔車２号の完成予想図〕

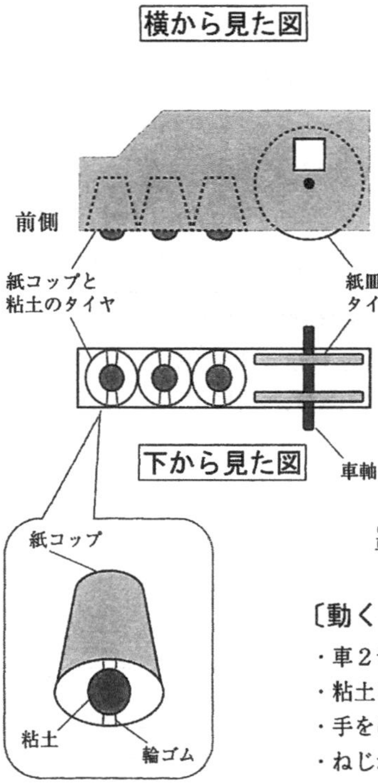

〔展開図〕

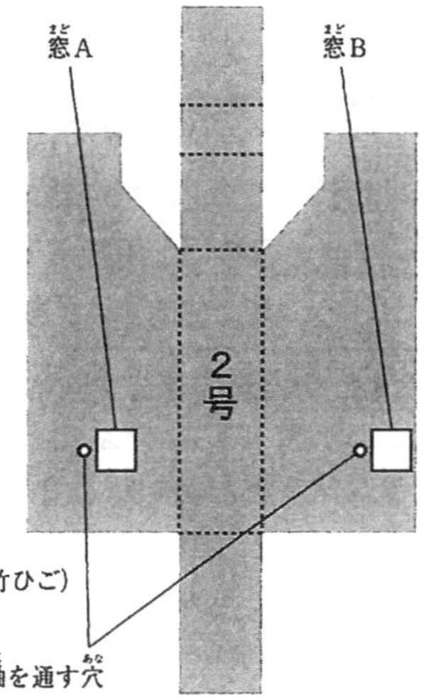

〔わたしの工夫《くふう》〕

・前輪には紙コップと粘土《ねんど》のタイヤを３つ使う。
・後輪には紙皿のタイヤを２つ使う。
・紙皿のタイヤにこどもの絵を描《えが》く。
・窓A，窓Bから紙皿のタイヤが見えるようにする。
・紙皿のタイヤが回ると，こどもの絵が動いて見える。

〔動く仕組み〕

・車２号を後ろに引く。
・粘土についている輪ゴムがねじれる。
・手をはなすと，車２号は引いた方向とは逆の方向に進む。
・ねじれた輪ゴムが［　え　］性質を利用して進む。

ア　［　え　］に入る**適切な言葉**を書きなさい。

イ　真さんは車２号が**前進するときに**，窓A，窓Bから見えるこどもの絵が**【条件】を満たす**ようにしたいと考えました。**窓A側**と**窓B側**につける紙皿のタイヤとして**適切なものを**①～④から**それぞれ選び，番号**で答えなさい。

【条件】　・こどもの絵が上下逆さまにならない。
　　　　　・こどもは進行方向側の手で旗をふっている。

①

②

③

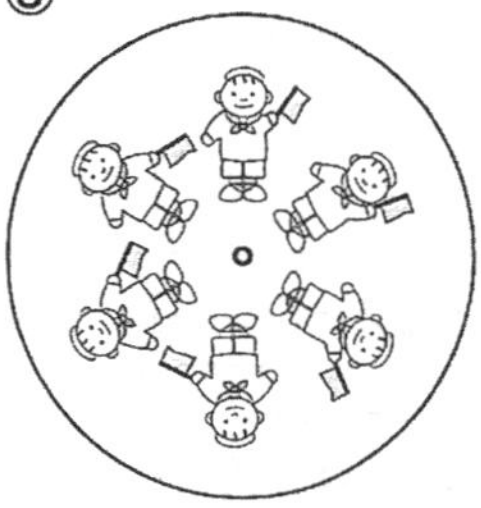

④

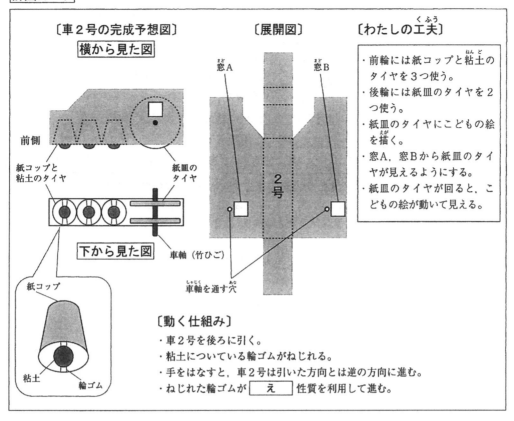

3　真さんは，おばあさんと近所のスーパーマーケットで買い物をしています。あとの（1）～（3）の問題に答えなさい。

おばあさん	今日は，パプリカの肉詰《にくづ》めなんていいかもしれないわね。パプリカとひき肉を使って色どりよく作ってみようかしら。夕食の一品として付け加えれば，㋓栄養バランスもよさそうね。
真　さ　ん	おいしそう。いっしょに作りたいな。
おばあさん	まずは，㋔お肉コーナーでひき肉を見てみましょう。パプリカに詰《つ》めるひき肉は，牛と豚《ぶた》を７：３の割合《わりあい》で使うとおいしくできるのよ。今日は，割引のクーポンを持ってきたからお得に買い物ができそうね。
真　さ　ん	㋕割引クーポンはＡとＢの２種類あるけど，一度にどちらか１枚しか使えないんだよね。どのような場合に，どちらのクーポンを使えばいいのかな。

（1）「㋓栄養バランスもよさそう」とありますが，食品は栄養素の働きによって３つのグループに分けられます。３つのグループをふまえて栄養バランスを考えたとき，下の**ア～ウ**の中で**もっともバランスがとれている食事**を**１つ選び**，**記号**で答えなさい。

ア　ざるそば・まいたけの天ぷら・大根のつけ物・麦茶
イ　ご飯・さんまの塩焼き・ほうれんそうのおひたし・なすのみそ汁
ウ　パン・牛肉のステーキ・フライドポテト・わかめスープ

（2）「㋔お肉コーナーでひき肉を見て」とありますが，**表**はお肉コーナーのひき肉の値段《ねだん》表です。
　国産は１パック400g，オーストラリア産は１パック300gです。

表

産地・商品	数量	値段
国産牛豚合いびき肉	1パック	４８４円
オーストラリア産牛豚合いびき肉	1パック	３５１円
アメリカ産牛ひき肉	１００g	１２８円
アメリカ産豚ひき肉	１００g	９８円

　牛と豚の割合が７：３のひき肉で料理を作るとき，どの産地のひき肉を使えば**単位量あたりの値段が一番安く**なるか答えなさい。ただし，**表**の牛豚合いびき肉とは，牛と豚の割合が７：３になっているひき肉のことです。また，消費税は考えないものとします。

（3）「㋕割引クーポンはＡとＢの２種類」とありますが，真さんは，**クーポンＡとクーポンＢの使い分け**について，店員にたずねました。
　下の文は，店員からのアドバイスです。［　お　］には**適切な言葉**を，［　か　］と［　き　］にはそれぞれ**ＡまたはＢのどちらか**を書きなさい。ただし，真さんは，合計で500円より多くの買い物をすることとし，消費税は考えないものとします。

［　お　］買う場合には，クーポンＡでもクーポンＢでも割引される金額は同じになります。［　お　］より多く買う場合にはクーポン［　か　］を，［　お　］より少なく買う場合にはクーポン［　き　］を使うといいですよ。

【クーポンＡ】
お肉
５０％オフ
割引クーポン

【クーポンＢ】
合計金額より
５００円オフ
割引クーポン

令和４年度　宮城県立中学校入学者選抜《せんばつ》適性検査

総合問題

（外国語（英語）によるリスニング）

検　査　用　紙

注　意

1　このリスニング問題は，放送の指示にしたがって行います。

2　放送による指示があるまで，開いてはいけません。

3　この用紙を開くと，問題が書かれています。答えは，すべて「解答らん」に直接記入してください。

4　問題は１ページと２ページです。

5　声を出して問題を読み上げたり，大きな音を立てたりしてはいけません。

6　放送を聞きながら，メモをとってもかまいません。

7　試験終了のチャイムが鳴ったら，すぐにえんぴつを置いてください。

受検番号	

第1問

※8点満点
（配点非公表）

これから英語で自《じ》己《こ》紹介《しょうかい》をします。No. 1とNo. 2の内容をもっとも適切に表しているものを，それぞれ次のA～Cの中から，１つずつ選び，記号で答えなさい。英語は２回放送されます。

No. 1

A

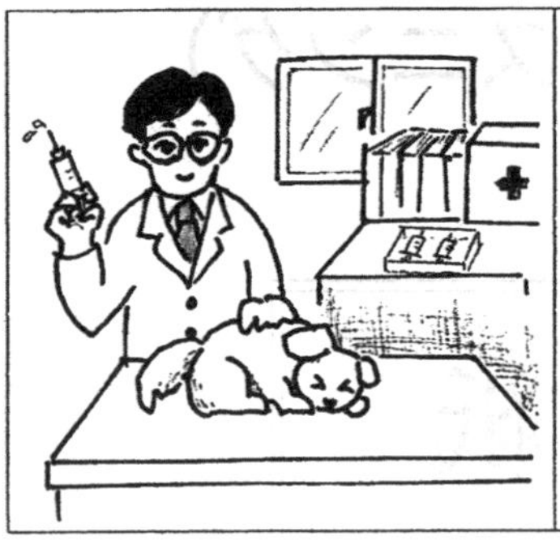

B

C

No. 2

A

B

C

□ のらんに記入してはいけません。

解答らん

No. 1	
No. 2	

*

【リ

第２問　エミリーさんとひろしさんが夏休みの出来事について話をしています。二人がそれぞれおこなったことの組み合わせとして，もっとも適切なものを，次のＡ～Ｄの中から１つ選び，記号で答えなさい。英語は２回放送されます。

【空白２秒】では，始めます。【空白２秒】

Hiroshi : How was your summer vacation, Emily?

Emily : It was fantastic. I went to the mountain with my family.

Hiroshi : That's nice. What did you do?

Emily : I enjoyed camping.

Hiroshi : That's good.

Emily : At night, I ate pizza. It was great. Did you enjoy your summer vacation, Hiroshi?

Hiroshi : Yes. I went to the Tanabata festival with my grandmother. I ate ice cream. It was delicious.

【空白１５秒】

くり返します。

Hiroshi : How was your summer vacation, Emily?

Emily : It was fantastic. I went to the mountain with my family.

Hiroshi : That's nice. What did you do?

Emily : I enjoyed camping.

Hiroshi : That's good.

Emily : At night, I ate pizza. It was great. Did you enjoy your summer vacation, Hiroshi?

Hiroshi : Yes. I went to the Tanabata festival with my grandmother. I ate ice cream. It was delicious.

2022(R4) 古川黎明中
教英出版

作文　解答用紙

＊のらんに記入してはいけません。

〔注意〕

①　題名、氏名は書かずに、一行目から書き始めること。

②　原稿《げんこう》用紙の正しい使い方にしたがい、文字やかなづかいも正確に書くこと。

受検番号

＊

※25点満点

400字

５００字

検査問題

ここ一、二年の間で、あなた自身の生活において大変だったことを一つ挙げながら、そうした生活の中でも「温かい気持ちになったできごと」について、四百字以上五百字以内で書きなさい。

〔注意〕

① 題名、氏名は書かずに、一行目から書き始めること。

② 原《げん》稿《こう》用紙の正しい使い方にしたがい、文字やかなづかいも正確に書くこと。

令和四年度　宮城県立中学校入学者選抜《せんばつ》適性検査

作文

（古川黎明中学校）

検査用紙

注意

一　「始め」の指示があるまで、開いてはいけません。

二　「始め」の指示があったら、中を開いて、「解答用紙」に受検番号を記入しなさい。
検査時間は四十分です。

三　作文の「検査用紙」には、表紙に続き、「検査問題」があります。「解答用紙」は、別に一枚《まい》あります。

★教英出版注
音声は，解答集の書籍ＩＤ番号を
教英出版ウェブサイトで入力して
聴くことができます。

令和４年度宮城県立中学校入学者選抜適性検査
総合問題（外国語（英語）によるリスニング）台本

第１問　これから英語で自己紹介をします。No.１とNo.２の内容をもっとも適切に表しているものを，それぞれ次のＡ～Ｃの中から，１つずつ選び，記号で答えなさい。英語は２回放送されます。【空白２秒】では，始めます。【空白２秒】

No.1

I'm Takuya.　I like animals.　I want to be a zookeeper.

【空白５秒】

くり返します。

I'm Takuya.　I like animals.　I want to be a zookeeper.

【空白１０秒】

No.2

I'm Sakura.　I like music.　I go to music school on Saturdays.

I play the piano.

【空白５秒】

くり返します。

I'm Sakura.　I like music.　I go to music school on Saturdays.

I play the piano.

【空白２０秒】

つぎの問題に移ります。２ページを見てください。

第２問

エミリーさんとひろしさんが夏休みの出来事について話をしています。二人がそれぞれおこなったことの組み合わせとして，**もっとも適切なものを**，次のA～Dの中から**１つ選び**，記号で答えなさい。英語は２回放送されます。

	エミリー	ひろし
A		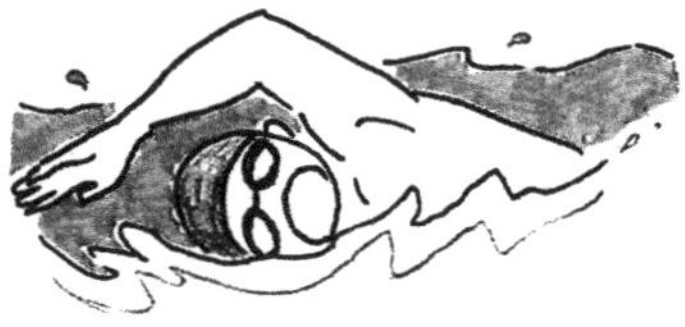
B		
C		
D		

□ のらんに記入してはいけません。

解答らん

*

受検番号

*

2 黎《れい》さんと明《あきら》さんの住んでいる地域では，プラスチック製の容器，空き缶《かん》，小型家電製品などが資源《しげん》物として回収《かいしゅう》されています。２人は，それぞれ親子で，資源物について話をしています。次の**1～3**の問題に答えなさい。

1 次の会話文を読んで，あとの**（1）～（3）**の問題に答えなさい。

お母さん	今日は資源物の回収の日だから，プラスチック製の容器が入ったこの袋《ふくろ》を，ごみ集積場に出してきてね。
黎 さ ん	うん，わかった。でも，こんなにたくさんのプラスチック製の容器は，回収された後，どのように処理《しょり》されるのかな。
お母さん	回収されたプラスチックは，ごみとして処分されるものもあるけど，プラスチック製品の材料として再利用したり，燃やした熱を利用して発電したり，さまざまな方法でリサイクルされているのよ。プラスチック製品の材料になるものの中には，「プラスチックくず」として㋐輸出されているものもあるのよ。
黎 さ ん	へえ，じゃあ，プラスチックはたくさん回収された方がいいんだね。
お母さん	そうね。でも，回収されなかったプラスチックは，地球の環境《かんきょう》に影響《えいきょう》をあたえると言われているから，その量を世界規模《きぼ》で減らしていく必要があるのよ。
黎 さ ん	わかった。今度，学校で「回収されなかったプラスチックが環境にあたえる影響」という㋑発表資料を作って，プラスチックの回収を呼びかけてみるね。

（1）「㋐輸出されているものもある」とありますが，次の**資料１と資料２**を正しく説明しているものを，あとの**ア～エから１つ選び，記号**で答えなさい。

資料１ **日本の*廃《はい》プラスチックの排出《はいしゅつ》量**

*廃プラスチック：家庭や工場などから使用後に出されるプラスチックのこと

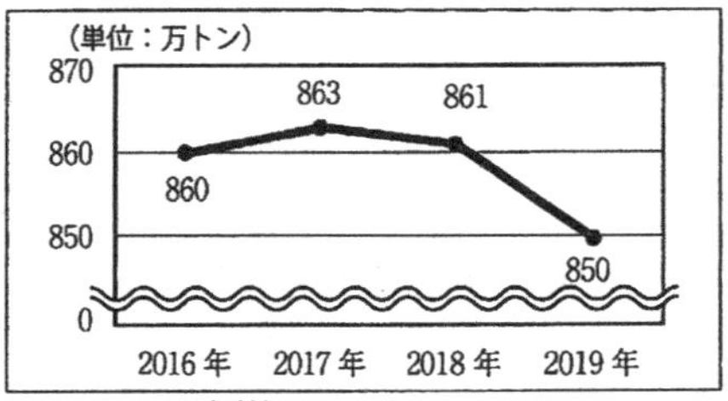

（プラスチック循環《じゅんかん》利用協会「プラスチックリサイクルの基礎《きそ》知識」より作成）

資料２ **主な5つの国・地域への日本からのプラスチックくずの輸出量（単位：万トン）**

輸出相手国・地域	2016年	2017年	2018年	2019年
マレーシア	3.3	7.5	22.0	26.2
タイ	2.5	5.8	18.8	10.2
香港	49.3	27.5	5.4	5.7
インド	0.4	0.8	2.1	2.8
中国	80.3	74.9	4.6	1.9

（財務省「貿易統計」より作成）

ア 2016年の中国へのプラスチックくずの輸出量は，その年の日本の廃プラスチックの排出量の３分の１以上である。

イ 2017年のマレーシア，タイ，香港へのプラスチックくずの輸出量を合計しても，その年の日本の廃プラスチックの排出量の５％より少ない。

ウ 2019年の主な５つの国・地域へのプラスチックくずの輸出量の合計は，その年の日本の廃プラスチックの排出量の２割以上になる。

エ 2016年から2019年までの間，主な５つの国・地域へのプラスチックくずの輸出量の合計は減り続けているが，日本の廃プラスチックの排出量は増え続けている。

(2) 「㋑<u>発表資料</u>」とありますが，黎さんが作成した次の**発表資料**の［　あ　］と［　い　］に**あてはまる言葉**を書きなさい。

発表資料

回収されなかったプラスチックが環境にあたえる影響
～なぜ回収されなかったプラスチックは生き物にまで影響をあたえるのか？～

《海の中でごみが分解されるのに要する期間》

プラスチック製の飲料ボトル	450年
レジ袋	10～20年
ベニヤ板	1～3年
新聞紙	6週間
ペーパータオル	2～4週間

(全米オーデュボン協会「オーデュボンマガジン」より作成)

《調べてわかったこと》
　プラスチック製のごみは，他の種類のごみに比べて，［　あ　］。
《考えたこと》
　将来《しょうらい》の生き物にも影響をあたえる可能性がある。

《自然界に捨《す》てられたプラスチックのゆくえ》(矢印はプラスチックの移動を示す。)

《調べてわかったこと》
　細かくなったプラスチックは，食物連鎖《しょくもつれんさ》の中で，［　い　］。
《考えたこと》
　多くの種類の生き物に影響をあたえる可能性がある。

(WWFジャパン「今，世界で起きている『海洋プラスチック』の問題」より作成)

生き物を守るためにも，私たち一人一人がプラスチックの回収に協力しましょう！

(3) 地球上のごみを減らしていくための方法として，「３Ｒ」という考え方が人々の間で広まりつつあります。次の**「３Ｒ」の説明を参考に，**あなたが日常生活の中で行える**Reduce（リデュース）にあたる取り組み**について，具体的に**例を挙げ**なさい。

「３Ｒ」の説明

Reduce（リデュース）　物を大切に使い，ごみを減らすこと。
Reuse　（リユース）　使える物は，くり返し使うこと。
Recycle（リサイクル）　ごみを資源として再び利用すること。

2　次の会話文を読んで，あとの（1）～（3）の問題に答えなさい。

黎 さ ん　アルミ缶とスチール缶は，捨てるときになぜ分ける必要があるの。
お父さん　それぞれもとの金属にもどして再利用するからだよ。アルミ缶はアルミニウム，スチール缶は鉄でできているんだ。
黎 さ ん　アルミニウムと鉄って何がちがうのかな。㋒電気を通すとか，㋓磁石《じしゃく》につくとかの性質のちがいはあるのかな。夏休みの自由研究で性質を調べてみようかな。
お父さん　㋔空き缶がどうやってリサイクルされているかも調べてみるといいね。

（1）「㋒電気を通す」とありますが，黎さんが，**図1のA**のようにアルミはくに導線を当てると豆電球が光りました。しかし**B**のように，アルミ缶のオレンジの絵の部分に導線を当てても豆電球は光りませんでした。Bにおいて導線をアルミ缶の同じ場所に当てて豆電球を光らせるためには，**どのような工夫が必要か**説明しなさい。

図1

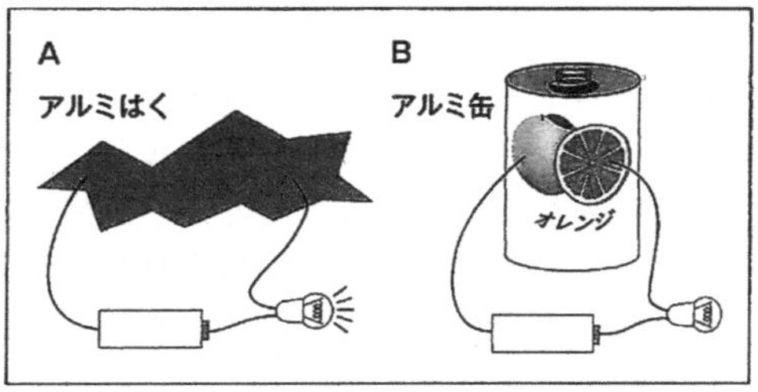

（2）「㋓磁石につく」とありますが，黎さんは**図2**のようにU磁石のそれぞれの極に２個ずつ，鉄製のクリップをつり下げました。そして磁石についたクリップの性質を確かめる実験を行い，**ノート１**にまとめました。**ノート１**の［　う　］にあてはまる適切な説明を**S極，N極という２つの言葉を用いて**書きなさい。

図2

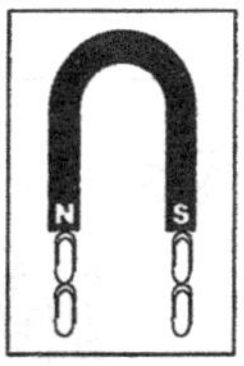

ノート１

U磁石のS極に直接つけたクリップを外して，**A**のようにクリップの上下の向きを変えずに，N極側の２個目のクリップに近づけてみたところ，ぶら下がりませんでした。

しかし，**B**のようにクリップの上下の向きを変えると，そのクリップはぶら下がりました。このことから，U磁石のS極に直接ついたクリップは，［　う　］という性質をもつようになったことが確かめられました。

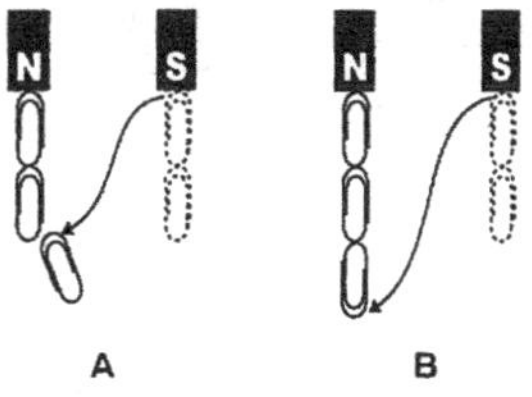

S極に直接ついていたクリップを
N極側の2個目のクリップに近づけた。

（3）「㋔空き缶がどうやってリサイクルされているか」とありますが，黎さんはアルミ缶の材料とリサイクルについて調べ，**ノート２**にまとめました。**ノート２**の［　え　］にはあてはまる**数字**を，［　お　］には**適切な言葉**を書きなさい。

ノート２

使用済《ず》みのアルミ缶をリサイクルしてアルミニウム地金《じがね》をつくるために必要なエネルギーは，ボーキサイトからつくるのに必要なエネルギーの［　え　］％です。このことから，アルミ缶をリサイクルしたほうが，省エネルギーの効果が［　お　］といえます。

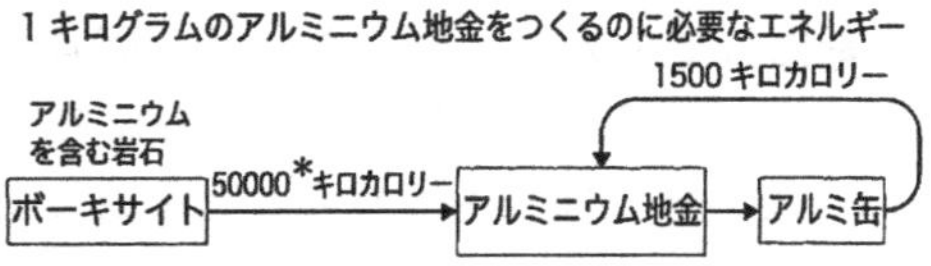

*キロカロリー：エネルギーの単位

使用済みのアルミ缶は，大切な資源であるとあらためて思いました。

3　次の会話文を読んで，あとの **(1)** ～ **(3)** の問題に答えなさい。

明 さ ん	このコンピュータ，使わないんだったら資源物として回収してもらったらいいよ。
お父さん	そうかなあ。㋕画面の横の長さとたての長さの比が今とちがっていて，かなり古く見えるけど，プログラムはちゃんと動くんだよ。入力画面の，①から④の指示にしたがって入力してごらん。
明 さ ん	よし，入力が終わったよ。
お父さん	キーボードを貸してごらん。*エンターキーを押すからよく見ていてね。
明 さ ん	結果が表示されたよ。すごい。ぼくの誕生《たんじょう》日《び》が表示されているね。でも，どうしてだろう。
お父さん	エンターキーを押すと，入力画面の④の数から［　か　］を自動でひくようプログラミングしたんだ。
明 さ ん	ということは，どんな誕生日の人でも入力画面の④の数から［　か　］をひけば，その人の誕生日が表示されるんだね。まほうの数みたい。
お父さん	そうだね。㋖説明できるかな。
明 さ ん	うん。やってみる。

*エンターキー：プログラムの実行を命令するキー

図3　コンピュータ

図4　入力画面

① 誕生日の月の数に４をかけた数を入力　□□□□
② ①の数に９をたした数を入力　□□□□
③ ②の数に２５をかけた数を入力　□□□□
④ ③の数に誕生日の日の数をたした数を入力　□□□□

図5　結果が表示された画面

あなたの誕生日は

１２０５

ですね

(1)　「㋕画面の横の長さとたての長さの比」とありますが，**画面の周の長さが等しい**とき，次の**ア～ウ**のうち，**もっとも面積が大きくなる**横の長さとたての長さの比はどれですか。**記号**で答えなさい。ただし，画面とは**図3**のような■で囲まれた長方形の部分とします。

ア　４：３　　　　**イ**　16：9　　　　**ウ**　16：10

(2)　会話文中の２カ所の［　か　］には**同じ数**が入ります。その数を，**図4と図5を参考にして**求めなさい。ただし，**図4**で表示されている「□□□□」は，明さんが指示にしたがって数を入力するらんのことを表します。また，**図5**で表示されている「１２０５」は12月５日のことを表します。

(3)　「㋖説明」とありますが，**会話文と図4，図5を参考にし，月の数を○，日の数を**△として，誕生日が正しく表示されるまでの流れを，**式と言葉を使って**示しなさい。

*

受　検　番　号	

*

問題の番号			解　答　を　記　入　す　る　ら　ん
2	1	(1)	
		(2)	あ
			い
		(3)	
	2	(1)	
		(2)	う
		(3)	え
			お
	3	(1)	
		(2)	
		(3)	

令和３年度　宮城県立中学校入学者選抜《せんばつ》適性検査

総合問題

（古川黎明中学校）

検　査　用　紙

注　意

1　**「始め」の指示があるまで，開いてはいけません。**

2　**「解答用紙」**は，この表紙の**裏面《りめん》**になります。

3　**「始め」の指示**があったら，この表紙を取り外し，**「解答用紙」**に受検番号を記入してから，「解答用紙」が**表になるように折り返しなさい。**その後，総合問題に取り組みなさい。**検査時間は６０分**です。

4　**総合問題**は，**１ページから８ページまで**あります。

5　**答え**は，すべて**「解答用紙」に記入しなさい。**問題用紙の空いているところは，自由に使ってかまいません。

解 答 用 紙（古川黎明中学校）

＜注意＞ の欄《らん》に記入してはいけません。

＊

※100点満点（1 50点　2 50点）　※部分配点非公表

問題の番号			解答を記入する欄
1	1	（1）	
		（2）	
		（3）	選んだ写真の番号（　　　　）
	2	（1）	（　　　　　）と（　　　　　）
		（2）	
		（3）	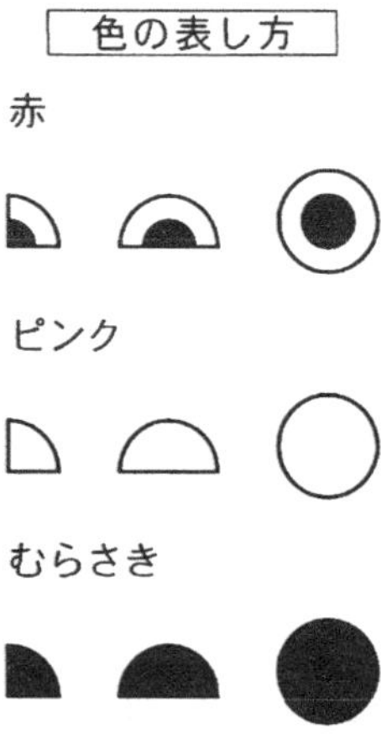
	3	（1）	
		（2）	
		（3）	（　　　　　　）g

1　正志《まさし》さん，健太さん，春花さんが通っている小学校では，「かかわる」「もとめる」「はたす」の３つのスローガンのもと，さまざまな活動が行われています。
次の１～３の問題に答えなさい。

1　正志さんは，「地域の伝統工芸」をテーマとした「総合的な学習の時間」の調べ学習で，地域の和紙工房《こうぼう》を訪問《ほうもん》しました。あとの（1）～（3）の問題に答えなさい。

正志さん	和紙は㋐聖徳太子《しょうとくたいし》が活躍《かつやく》した飛鳥《あすか》時代から使われているんですよね。
職人さん	よく知っているね。しかし当時は誰《だれ》もが和紙を使えたわけではなく，広く使われるようになったのは㋑江戸時代の中ごろからなんだよ。
正志さん	そのころは，この地域にもたくさんの和紙工房があったようですね。
職人さん	そうだよ。でもね，和紙工房は少しずつ減ってきて，今ではここだけになってしまったんだよ。
正志さん	そうなんですね。ところで，ここの和紙は何に使われているんですか。
職人さん	絵を描《か》いたり文字を書いたりするためだけではなく，㋒和紙の良さを生かして着物の生地《きじ》などにも使われているんだよ。
正志さん	和紙はいろいろな物に使われているんですね。他にどんな物に使われているか調べてみたいと思います。

（1）　「㋐聖徳太子」とありますが，聖徳太子が目ざした国づくりとして，**もっとも適切なもの**を，次の**資料**１，２をもとにして，あとの**ア～ウ**から**１つ選び，記号**で答えなさい。

資料１　**十七条の憲法の一部をわかりやすくしたもの**

第１条　人の和を大切にしなさい。
第２条　仏教を深く信じなさい。
第３条　天皇《てんのう》の命令には必ず従《したが》いなさい。

資料２　**遣隋使《けんずいし》の目的や内容**

皇帝《こうてい》が大きな力をもっていた中国（隋）と対等な国の交わりを結び，中国（隋）の進んだ政治や文化を取り入れようとした。

ア　中国（隋）の支配のもと，人の和を大切にする国づくりを目ざした。
イ　日本の古い政治を固く守り続け，仏教の教えにもとづく国づくりを目ざした。
ウ　人々の争いをなくし，中国（隋）を参考に天皇中心の国づくりを目ざした。

（2）　「㋑江戸時代の中ごろ」とありますが，社会の授業で寺子屋について学んだ正志さんは，江戸時代の和紙出荷量の推移《すいい》について調べて**グラフ**にまとめたところ，和紙出荷量の増加と寺子屋の増加には関係があったのではないかと考えました。
グラフや**資料**３を参考にして，**正志さんがそのように考えた理由**を書きなさい。

グラフ　**江戸時代における和紙出荷量の推移**

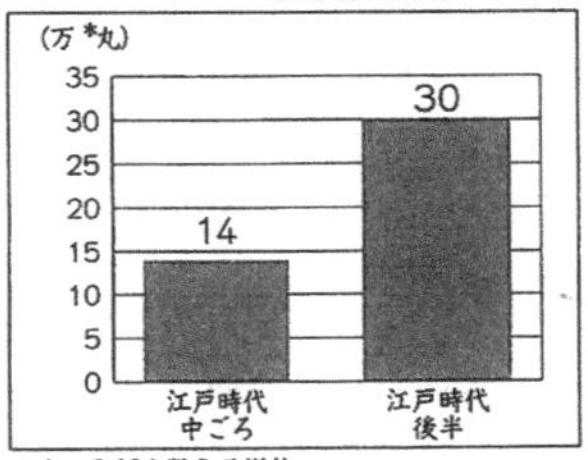

＊丸：和紙を数える単位
（『日本経済史の研究』）より作成

資料３　**社会の授業で用いたプリントの一部**

・寺子屋では，往来物《おうらいもの》と呼ばれる教科書を用いて，子どもが読み書きの初歩を学んだ。
・寺子屋は，江戸時代の中ごろに江戸や大阪に広まり，江戸時代後半には全国で見られるようになった。
・寺子屋が増えたことで，読み書きのできる人が増えて，たくさんの人が本を読めるようになった。

（３）　「㋒和紙の良さ」とありますが，正志さんは工房でもらったパンフレットと和紙でできた商品の写真を準備し，調べ学習の発表会で，和紙の良さを生かした商品を，クラスのみんなにすいせんすることにしました。

あなたならどの商品をすいせんしますか。**写真１～３から１つ選び**，**資料４**にふれながら，**選んだ商品をすいせんする文章**を作りなさい。

資料４　工房でもらったパンフレットの一部

> **和紙のここがすごい！**
>
> みなさんは「和紙」と言われたら習字の半紙や折り紙などを思い浮《う》かべるのではないでしょうか。
> 実は和紙はみなさんが思っている以上に優《すぐ》れたもので，さまざまなものの素材として活用されています。
> 和紙は丈夫《じょうぶ》で手触《てざわ》りも良く，光を適度に通すにもかかわらず，紫外線《しがいせん》を90％前後カットする効果もあります。また，和紙のせんいがフィルターの役割《やくわり》をして，ほこりや花粉などを吸着《きゅうちゃく》するほか，消臭《しょうしゅう》効果もあるのです。

写真１　和紙でできた着物

写真２　和紙でできた日傘《ひがさ》

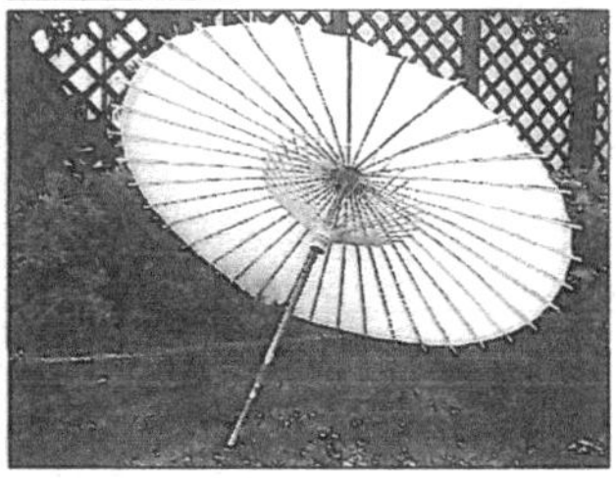

写真３　和紙でできたマスク

２　健太さんたちのクラスでは，学校の花壇《かだん》でニチニチソウを育てることになりました。あとの（１）～（３）の問題に答えなさい。

先　　生	みんなで種をまきますよ。種をまいたら，うすく土をかけてください。
健太さん	土をかけたら種に光が当たりませんが，㋓発芽に光は必要ないのですか。
先　　生	それでは，あとで発芽と光の関係について調べてみましょう。
健太さん	先生，種をこぼしてしまいました。種の粒《つぶ》が小さすぎて，土に混じって拾えません。一か所にたくさん芽が出てしまっても大きく育ちますか。
先　　生	そのときは，㋔成長の良いものを残して，その他のものを引き抜《ぬ》くと大きく育ちますよ。
健太さん	そういえば，アサガオを育てたときにもやりました。ところで，ニチニチソウはどんな色の花がさきますか。
先　　生	白・赤・ピンク・むらさきの花がさきますよ。さいたら㋕花びらで，色水を作って折りぞめをしましょう。

（1）　「㋓発芽に光は必要ないのですか」とありますが，このことを確かめるために，健太さんは**ア～エ**の条件で観察し比較《ひかく》することにしました。**発芽と光の関係**について調べるには，**どれとどれを比較**すればよいですか。次の**ア～エ**から**2つ選び，記号**で答えなさい。

　ただし，種は土の上にのせているだけとし，発芽に適した温度を保つこととします。また，**ア**，**イ**には光が当たっていますが，**ウ**，**エ**は段《だん》ボールの囲いで光がさえぎられています。なお，水やりのときに段ボールの囲いを外しても実験結果には影響《えいきょう》しないこととします。

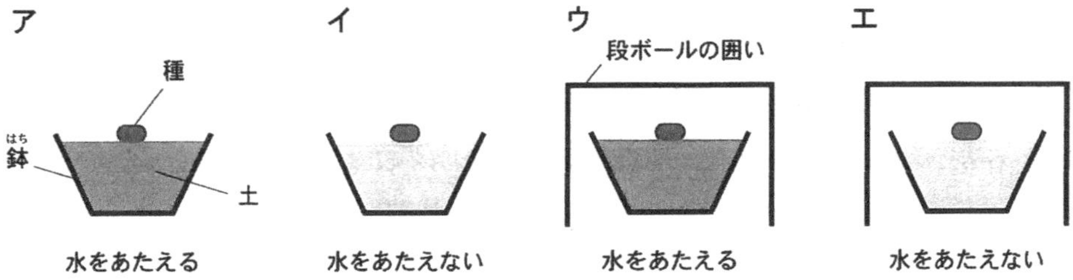

（2）　「㋔成長の良いものを残して，その他のものを引き抜く」とありますが，**この作業をすることで，植物が大きく育つ理由**を書きなさい。

（3）　「㋕花びらで，色水を作って折りぞめをしましょう」とありますが，健太さんたちは先生に教えてもらった**折りぞめの手順**に従い，正方形の和紙をそめました。

　和紙を**もとの正方形に広げた**とき，**和紙はどのようにそめ分けられているでしょうか**。解答用紙の**色の表し方**に従って，**そめ分けられた様子**を書き込みなさい。

折りぞめの手順

① 正方形の向かい合う頂点《ちょうてん》が重なるように対角線で和紙を折り，直角二等辺三角形をつくります。
② ①でできた直角二等辺三角形の同じ長さの辺どうしが重なるように折ります。
③ ②でできた直角二等辺三角形の同じ長さの辺どうしが重なるように折ります。
④ ③の和紙を折りたたんだ状態のままで，**写真4**のように3色それぞれの色水でそめます。
⑤ **写真5**や**写真6**のようにそめ上がった和紙を，もとの正方形に広げて，かんそうさせます。

写真4

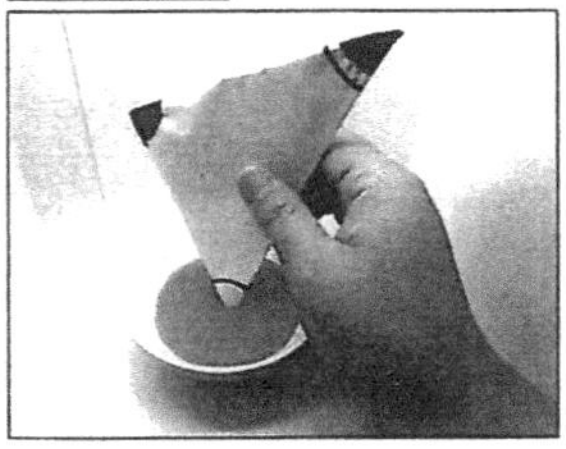

写真5

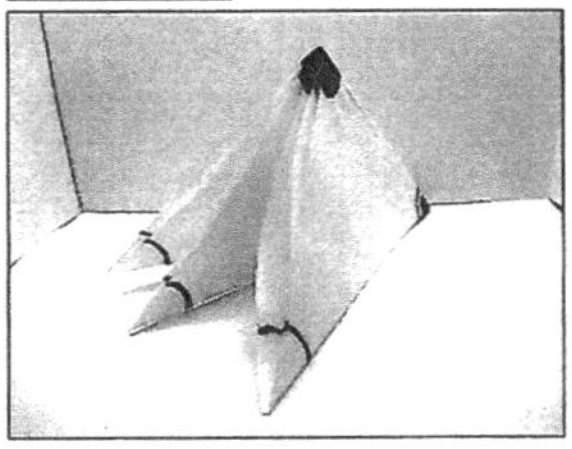

写真6

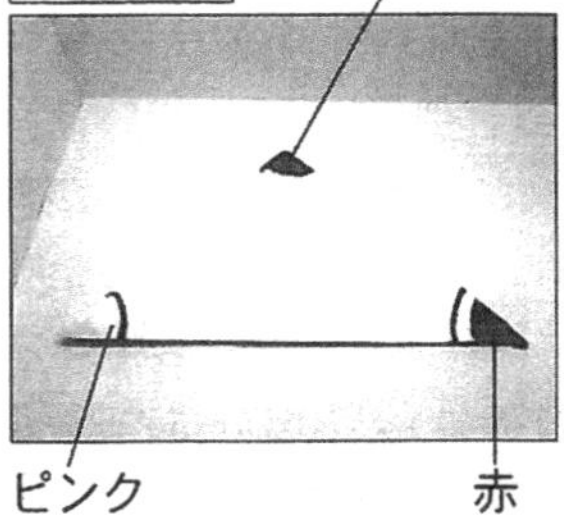

3　春花さんは，朝食について，お母さんと話をしています。あとの（１）～（３）の問題に答えなさい。

春花さん　家庭科の授業で，朝食は大切だって先生が言ってたよ。
お母さん　そうね。わが家の朝食はパンよりご飯が多いけど，春花のクラスではご飯とパンのどちらを食べてくる人が多いのかな。
春花さん　保健委員会がとった㋖朝食のアンケートだと，私のクラスでは，ご飯を食べてきたと答えた人が多かったよ。でもね，朝食を食べてこなかったと答えた人もいるんだよ。朝食をぬいたら，私はお腹《なか》がすいてお昼までがまんできないな。
お母さん　お母さんも㋗朝食はしっかり食べた方がいいと思うよ。これからも，おいしい朝食を作るね。
春花さん　私も手伝うよ。授業で習った㋘みそ汁《しる》を作るね。

（１）　「㋖朝食のアンケート」とありますが，右の**表１**は，春花さんの学年のある日のアンケート結果です。

学年全体の人数をもとにした，１組で「ご飯」と答えた人数の割合を求めなさい。

表１　**ある日のアンケート結果**

	食べたもの	1組	2組	計
朝食を食べてきた（人）	ご飯	16	13	29
	パン	11	17	28
	その他	7	5	12
朝食を食べてこなかった（人）		3	2	5

（２）　「㋗朝食はしっかり食べた方がいい」とありますが，朝食には大切な役割があります。下の**Ａ群から１つ，Ｂ群から１つ言葉を選び，朝食をとることの良さを，朝食の役割にふれながら**説明しなさい。

Ａ群：**腸《ちょう》　脳《のう》や体**

Ｂ群：**排泄《はいせつ》　体温**

（３）　「㋘みそ汁を作る」とありますが，**表２**は，授業で習ったみそ汁の材料と分量，赤みその成分表示です。

春花さんは，**表２**の赤みそと比較して塩分が25％カットされた減塩みそを使って５人分のみそ汁を作ります。

春花さんが作るみそ汁の，食塩相当量を求めなさい。

ただし，みそ以外の材料に含《ふく》まれる塩分については考えないものとし，塩分と食塩相当量とは同じものであるとします。

表２　**授業で習ったみそ汁の材料と分量，赤みその成分表示**

豆腐《とうふ》のみそ汁（２人分）	
水	300mL
煮干《にぼ》し	10g
みそ	大さじ１
豆腐	1/2丁
ネギ	適量

＊みそ大さじ１は18g

赤みそ	100gあたり
エネルギー	190kcal
たんぱく質	11.6g
脂質《ししつ》	5.2g
炭水化物	23.5g
ナトリウム	4.7g
食塩相当量	12g

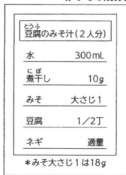

2021(R3) 古川黎明中
K 教英出版

作文　解答用紙

＊ の欄《らん》に記入してはいけません。

〔注意〕

① 題名、氏名は書かずに、一行目から書き始めること。

② 原稿《げんこう》用紙の正しい使い方にしたがい、文字やかなづかいも正確に書くこと。

受検番号

＊

※25点満点

０ ０字

５００字

検査問題

小学校生活で、判断にまよう場面や状況《じょうきょう》にあったとき、どのように考え、どう行動しましたか。あなたの体験の中から一つあげ、そこから学んだことを含《ふく》めて、四百字以上五百字以内で書きなさい。

〔注意〕 ① 題名、氏名は書かずに、一行目から書き始めること。

② 原稿《げんこう》用紙の正しい使い方にしたがい、文字やかなづかいも正確に書くこと。

令和三年度　宮城県立中学校入学者選《せん》抜《ばつ》適性検査

作文

（古川黎明中学校）

検査用紙

注意

一　**「始め」の指示があるまで、開いてはいけません。**

二　**「始め」**の指示があったら、中を開いて、**「解答用紙」**に受検番号を記入しなさい。
検査時間は四十分です。

三　**作文**の「検査用紙」には、表紙に続き、**「検査問題」**があります。**「解答用紙」は、別に一枚《まい》**あります。

2 黎《れい》さんと明《あきら》さんたちの小学校では，毎年修学旅行で山形県に行きます。
次の１，２の問題に答えなさい。

１　黎さんと明さんは，修学旅行で行く予定である山形県の最上川《もがみがわ》やその流域《りゅういき》の市と町について調べ学習をします。あとの（１）～（４）の問題に答えなさい。

先　生　みなさんで，先生が地図に示した最上川流域の市や町について調べてみましょう。黎さんは何を調べますか。

黎さん　私はくだものが大好きなので，ぶどうの生産がさかんな高畠町《たかはたまち》とさくらんぼ狩《が》りで有名な寒河江市《さがえし》について㋐地形図を使って，農業の特ちょうを調べようと思います。

先　生　それは面白そうなテーマですね。明さんは何を調べますか。

明さん　山形県はお米の生産がさかんです。そこで，㋑最上川と米づくりの関係性を調べようと思います。またどのようにしておいしいお米をつくっているか調べたいと思います。

先　生　なるほど。山形のお米もおいしいですからね。農家の人たちは安全でおいしいお米を食べてもらうために㋒さまざまな努力をしているのでしょうね。

先生が示した地図

（１）「㋐地形図」とありますが，次の**資料１**と**資料２**は寒河江市と高畠町の地形図の一部です。それらについて述べた文として**もっとも適切なものを**，あとの**ア～エ**から**１つ選び**，**記号**で答えなさい。

資料１　**寒河江市の地形図の一部**

資料２　**高畠町の地形図の一部**

ア　**資料**１では，北側よりも南側により多くの果樹園《かじゅえん》が見られる。
イ　**資料**１，２では，水田と果樹園以外には農地として利用されていない。
ウ　**資料**１では平地に，**資料２**ではけいしゃ地に果樹園が見られる。
エ　**資料**２には学校や警察署《けいさつしょ》が見られるが，**資料**１には見られない。

（2）「㋑最上川と米づくりの関係性」とありますが，明さんは最上川の流量が米づくりに影響《えいきょう》しているのではないかと考えました。あとの**ア**，**イ**の問題に答えなさい。

ア　明さんは**グラフ１，２**を用意しました。これらのグラフから読み取れることとして**もっとも適切なものを**，あとの**あ～えから１つ選び，記号**で答えなさい。

グラフ１　**酒田市の最上川の流量**

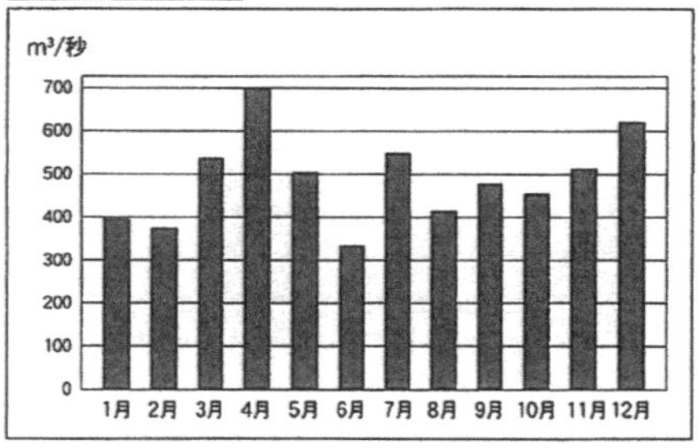

グラフ２　**最上川流域の３つの市の降水量（酒田市，尾花沢市，長井市）**

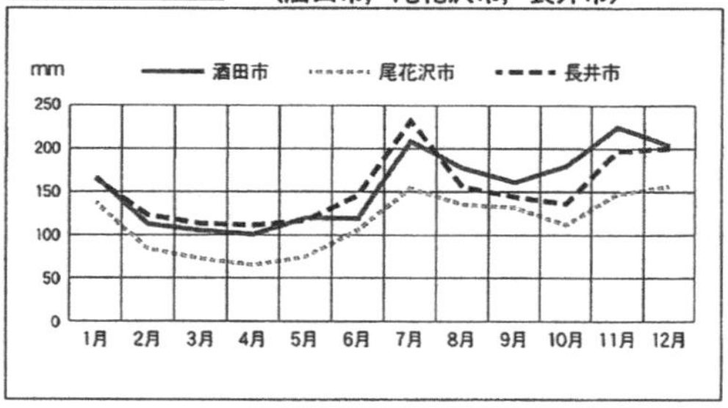

あ　川の流量と３つの市の降水量が12月に多いのは，梅雨《つゆ》の影響による。
い　３つの市の降水量が多い７月は，川の流量が１年のなかでもっとも多い。
う　雪どけ水が流れこむことで，４月に川の流量が多くなる。
え　６月に川の流量が少ないのは，６月の降水量が３つの市すべてでもっとも少ないためである。

イ　明さんは**資料３，４**をまとめ，春に最上川の流量の多いことが米づくりに役立っていると考えました。**明さんがそのように考えた理由**を，**資料３，４をもとにして**書きなさい。

資料３　**米づくりカレンダー**

4月，5月	6月～8月	9月，10月
田おこし，種まき，苗《なえ》づくり，しろかき，田植え	水の管理，農薬をまく	稲刈《いねか》り，稲のかんそう，もみすり，出荷《しゅっか》

資料４　**米づくりのポイント**

- **田んぼに水を入れ，土をくだいて平らにする「しろかき」は，稲を育てるための重要な作業です。**
- **稲の生育《せいいく》を助けるために，田んぼに水を入れたり，抜《ぬ》いたりして「水の管理」を行います。**
- **「稲刈り」の前には水を抜いて，稲と土を乾《かわ》かし，作業をしやすくします。**

（3）「㋒さまざまな努力」とありますが，農薬や化学肥料の使用を減らすなどの努力として，次の**写真**にあるような**アイガモ農法**があります。次の**図１**の**あ～う**の部分のうち，**いずれか１つを選び，選んだ部分のアイガモ農法における役割《やくわり》**について，**具体的に**書きなさい。

写真　**アイガモ農法の写真**

図１　**田んぼでのアイガモの様子**

（4）　明さんは，庄内《しょうない》地方で起こるフェーン現象について興味をもち，**ノート**にまとめました。あとの**ア**，**イ**の問題に答えなさい。

ノート

◎フェーン現象…しめった空気が山をのぼるときに，空気の温度が下がり雲ができて雨が降《ふ》り，山の反対側のしゃ面をおりるときには，あたたかくかわいた空気に変わって流れていき，ふもとの気温が上がる現象のこと。

＜空気の温度変化＞
・空気の温度は，空気が100m上昇《じょうしょう》するごとに1.0℃下がり，100m下降《かこう》するごとに1.0℃上がる。
・雲ができているところでは，空気の温度は，100m上昇するごとに0.5℃下がる。

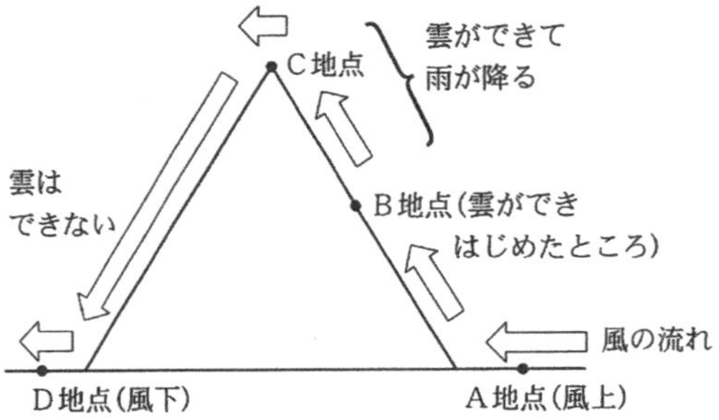

・A地点から山をのぼる空気の温度は，少しずつ下がっていく。
↓
・B地点で雲ができはじめ，山頂《さんちょう》のC地点まで雲で覆《おお》われる。
↓
・C地点からD地点へ下るまで空気の温度は，少しずつ上がっていく。

＜標高が同じA地点とD地点の温度の比較＞
・A地点とC地点の間で雲ができなかったときには，A地点とD地点の空気の温度は，［　あ　］。
・B地点で雲ができると，A地点とD地点の空気の温度では，D地点の方が高くなる。
・B地点より低い位置に雲ができると，A地点とD地点の空気の温度差は，［　い　］。

ア　明さんの**ノート**の空らんの**あ**，**い**にあてはまる言葉を，下の①～⑤の中からそれぞれ選び，**記号**で答えなさい。

①A地点の方が高くなる　　②D地点の方が高くなる　　③変わらない
④大きくなる　　⑤小さくなる

イ　図2のように空気が流れてフェーン現象が起こったとき，**庄内町に流れこむ空気の温度は何℃**になるか答えなさい。ただし，庄内町側では雲は発生せず，この空気は，**ノート**に示されたように温度変化するものとします。

図2

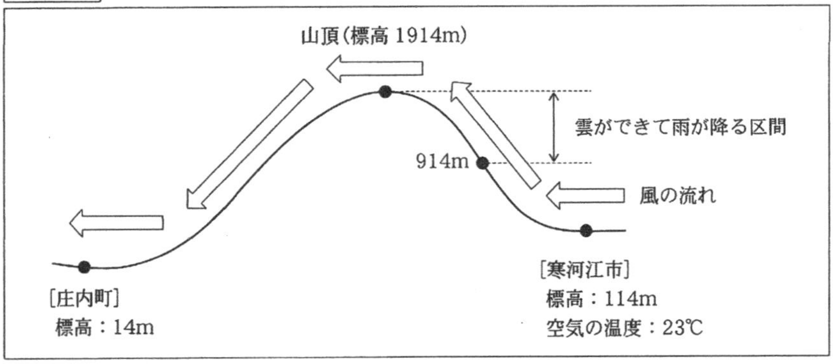

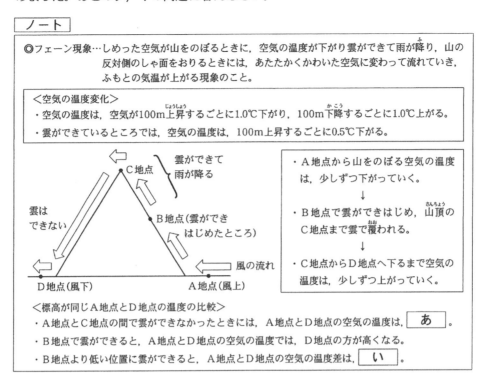

2　黎さんと明さんは，模造紙《もぞうし》を使って，修学旅行の体験を１枚のポスターにまとめることになりました。あとの（１），（２）の問題に答えなさい。

黎さん	どのように模造紙に書くか，ポスターの題名や記事などの㋓配置を考えてから，分担《ぶんたん》して作業しよう。
明さん	そうだね。見やすいポスターにするためには工夫しないとね。
黎さん	先生がグラフなどを入れるといいと言っていたよね。
明さん	それなら，ぼくは修学旅行で楽しかったことについてのアンケートをクラスや学年でとって，その結果を㋔グラフに表してみるよ。
黎さん	模造紙は１枚しかないから，わたしも同時に作業できるように，記事は別の紙に書いてから，最後にはり付けることにしよう。

（１）「㋓配置」とありますが，下の**資料５**をもとに**配置案**を決めました。あとの**ア**，**イ**の問題に答えなさい。

資料５　配置に関する情報

○ここで使う模造紙は，長い辺が1100mm，短い辺が800mmです。
○題名部分は，横の長さが800mmの長方形で，大きさは，模造紙全体の10％とします。
○記事を書く紙は，長い辺が420mm，短い辺が290mmで，５枚使用します。ただし，切ったり折ったりはしません。
○題名部分でもなく，記事を書いた紙をはり付けた部分でもないところは，余白とします。

配置案

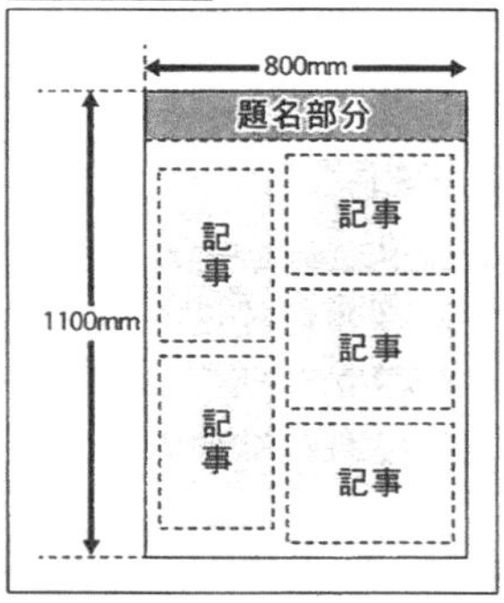

図３

ア　**配置案**の**余白の面積**を求めなさい。ただし，**単位は**cm^2とします。

イ　題名については，円の形をした同じ大きさの紙６枚に，「山形の思い出」と１枚に一字ずつ書き，配置案の題名部分にすべて収《おさ》まるようにはり付けます。このとき，**円の直径は最大で何mm**になりますか。ただし，**図３**のように，円と円が重ならないようにし，まっすぐ横一列に並べるものとします。

（２）「㋔グラフ」とありますが，**グラフ３**は明さんのクラス40人，**グラフ４**は学年120人を対象にしたアンケート結果を表したグラフで，上位３位までの項目《こうもく》を示しています。クラスでは温泉《おんせん》が３位ですが，学年では３位に「最上川舟下《ふなくだ》り」が入っています。**明さんのクラス以外で「最上川舟下り」を選んだ人の合計人数は最少で何人**となるか求めなさい。また，**求め方を式と言葉**で説明しなさい。ただし，アンケート結果は，どの項目も同数になることはありませんでした。

グラフ３　明さんのクラスのアンケート結果

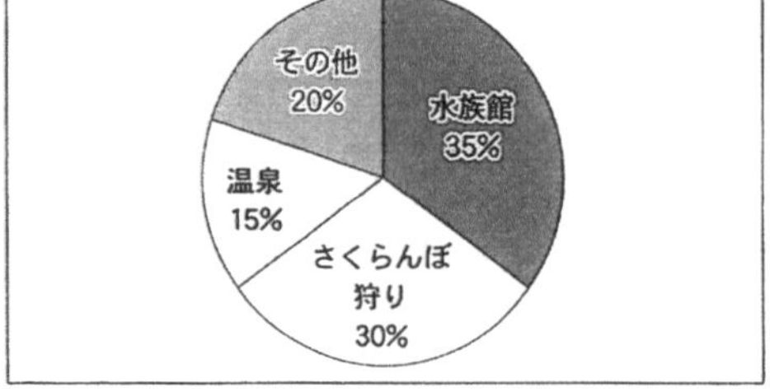

グラフ４　学年のアンケート結果

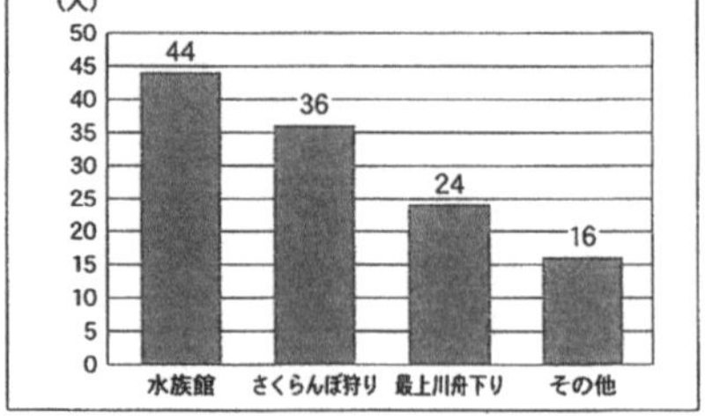

受検番号	

＊

問題の番号				解答を記入する欄
2	1	(1)		
		(2)	ア	
			イ	
		(3)		記号（　　　）
				役割
		(4)	ア	あ
				い
			イ	
	2	(1)	ア	（　　　）cm^2
			イ	（　　　）mm
		(2)		（　　　）人
				求め方

2021(R3) 古川黎明中
K 教英出版

令和２年度　宮城県立中学校入学者選抜《せんばつ》適性検査

総合問題

（古川黎明中学校）

検　査　用　紙

注　意

1　**「始め」の指示があるまで，開いてはいけません。**

2　**「解答用紙」**は，この表紙の**裏面**になります。

3　**「始め」の指示**があったら，この表紙を取り外し，**「解答用紙」**に受検番号を記入してから，「解答用紙」が**表になるように折り返しなさい。**その後，総合問題に取り組みなさい。**検査時間は６０分**です。

4　**総合問題**は，問題用紙の表紙に続き，**１ページから６ページまで**あります。

5　**答え**は，すべて**「解答用紙」に記入しなさい。**問題用紙の空いているところは，自由に使ってかまいません。

1 陽子さん，学さん，良太さんたちの小学校では，地域《ちいき》の人たちと協力して，防災に向けたさまざまな取り組みが行われています。

次の１～３の問題に答えなさい。

１ 陽子さんは，「災害に強いまちづくり」をテーマとした授業で防災マップを作ることになりました。そこで，避難所《ひなんじょ》にも指定されている公民館をたずね，地域の自然災害にくわしい館長さんに話を聞きました。あとの（１），（２）の問題に答えなさい。

陽子さん	この地域では，どんな自然災害が多いのですか。
館長さん	この地域では昔から，冬の強い季節風による被害《ひがい》と川の洪水《こうずい》になやまされてきました。そこで，防災のためのさまざまな工夫《くふう》がされてきたのです。その一つが，家のそばにつくられた㋐防風林です。ですから，今でもこの地域には，同じ方位に林のある家が多いのですよ。
陽子さん	確かに，よく見かけますね。
館長さん	災害に対しては，ふだんからの備えが欠かせません。例えば，川の洪水に備えて，家から公民館への避難経路を確認《かくにん》しておくといいですね。災害から身を守るためには，正しい情報を集め，自分で判断し行動することが大切です。また，今回は災害について話しましたが，この川には，㋑地域を支えてきた歴史があることも忘れないでくださいね。

（１） 「㋐防風林」について，館長さんが地域の**写真**を見せてくれました。**この地域で冬の季節風がもっとも強く吹《ふ》くと考えられるのは，どの方向から**ですか。もっとも適切なものを，次の**ア～エから１つ選び，記号**で答えなさい。

ア 南西から　**イ** 南東から　**ウ** 北西から　**エ** 北東から

写真　地域の航空写真の一部

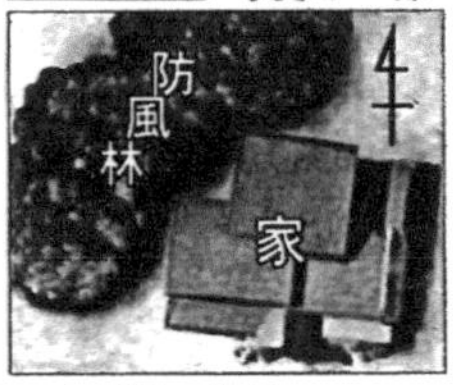

（２） 陽子さんは，防災マップを作るために，先生から地域の**地図**をもらいました。次の**ア**，**イ**の問題に答えなさい。

ア 陽子さんは，洪水のおそれがあるときの家から公民館への避難経路を考えて**地図**に書きこみ，お父さんに見てもらいました。すると，お父さんは，陽子さんとは別の避難経路を示してくれました。

お父さんの避難経路が，陽子さんの避難経路と比べて，**より安全だと考えられる点**を，**地図をもとに書きなさい**。

地図　先生からもらった地域の地図

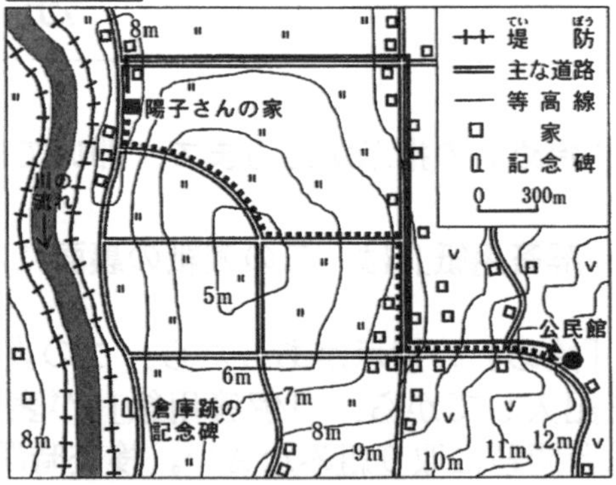

陽子さんが書きこんだ避難経路
お父さんが示した避難経路

イ 「㋑地域を支えてきた」とありますが，陽子さんは川のそばに倉庫跡《そうこあと》の記《き》念碑《ねんひ》があることに関心を持ち，後日，この倉庫について調べ，**ノート**にまとめました。

あ，**い** にあてはまる言葉を書き入れ，**ノートを完成**させなさい。

ノート

- 倉庫は江戸時代に建てられた。
- 倉庫は当時「御蔵《おくら》」と呼ばれ，この地域でとれた米を集めて保管していた。
- 川のそばに倉庫が建てられたのは，**あ** を使って大量の米を **い** ため。

2　学さんは，学校の火災避難訓練が終わった後に，消防士さんと話しました。あとの（1）～（3）の問題に答えなさい。

消防士さん　今日の訓練はどうでしたか。
学　さ　ん　㋒煙《けむり》の中を避難する体験はとても緊張《きんちょう》しました。それから，家でもよく料理をするので，校庭で体験した㋓天ぷらなべの油に火がついてしまったときの消火活動についての訓練も，とても参考になりました。
消防士さん　家庭では，台所で料理中に起こる火災が多いのです。㋔消防署《しょうぼうしょ》のホームページにもっとくわしい情報がのっているので，家族と一緒《いっしょ》に見てください。
学　さ　ん　はい，帰ったらさっそくみんなで見てみます。

（1）「㋒煙の中を避難する」とありますが，火災で煙が発生している中で避難するときの様子として**もっとも望ましいもの**を，次の**ア～エ**から**1つ選び**，**記号**で答えなさい。また，**それを選んだ理由**を**あたためられた空気という言葉を用いて**書きなさい。

ア

イ

ウ

エ

（2）「㋓天ぷらなべの油に火がついてしまったときの消火活動」とありますが，消防士さんは「油は約350℃前後まで熱せられると，火がついてしまうことがあります。そのようなときに絶対にやってはいけないことは，あわてて水をかけてしまうことです。」と教えてくれました。水をかけてはいけない理由として，**もっとも適切なもの**を，次の**ア～ウ**から**1つ選び**，**記号**で答えなさい。

ア　水が高温の油によって熱せられて熱湯となり，その熱湯が周りに飛び散るから。
イ　水が高温の油によって熱せられて水蒸気《すいじょうき》となり，その水蒸気が火のついた油を周囲に飛び散らせるから。
ウ　水が油にまざると，油はさらによく燃えるから。

（3）「㋔消防署のホームページにもっとくわしい情報がのっている」とありますが，ホームページには，**図1**のように「消火器が近くにない場合は，水でぬらしたタオルなどをなべに何枚《なんまい》もかぶせるとよい」と書いてありました。**そのようにするとよい理由**を，**物が燃えるときのしくみにふれながら**，書きなさい。

図1

3　良太さんは，学級活動の時間に作成する「防災新聞」について先生に相談しました。あとの（1）～（3）の問題に答えなさい。

良太さん	今度作る防災新聞に，この前参加した親子防災キャンプについての記事を書きたいと思うのですが，どうですか。
先　　生	それはいいですね。具体的にどんなことをしたのですか。
良太さん	㋕防災すごろくのゲームをしてみんなと仲良くなりました。夜は，㋖地域の人たちが事前にドローンで撮影《さつえい》した動画を見て，㋗防災ウォークラリーのコースの危険《きけん》な場所を確認しました。ドローンが安全確認にも活用されていることを初めて知りました。翌日《よくじつ》，みんなで防災ウォークラリーに参加しました。
先　　生	いろいろな経験をしたんですね。防災新聞の完成を楽しみにしています。

（1）「㋕防災すごろくのゲーム」とありますが，良太さんは，実際に防災すごろくを自分で作り，クラスのみんなでゲームをすることにしました。**図2**はゲームで使うさいころを作るための立方体の展開図《てんかいず》で，**図3**のようなさいころを作ります。**図2のEの位置に1の目が入るとき，6の目が入る位置をA～Fから1つ選び，記号**で答えなさい。ただし，さいころは向かい合った面の目の数を合わせると7になるものとします。

図2

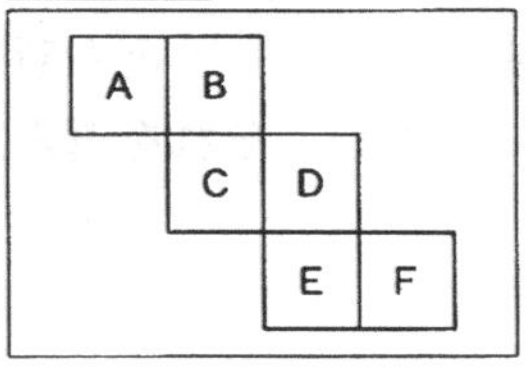

図3

（2）「㋖地域の人たちが事前にドローンで撮影した動画」とありますが，撮影は**図4**のコースを2人で行いました。午前10時ちょうどに1人目が地点Aから地点Bの方向に撮影を開始し，少し遅《おく》れて2人目が地点Aから最初の人と反対回りに撮影を始めたところ，午前10時12分ちょうどに2台のドローンがコース上ですれちがって，それぞれ地点Aに戻《もど》ってきました。それぞれのドローンはコース1周を回るのに，1人目は20分，反対回りで撮影した2人目は15分かかりました。

このとき，**2人目が撮影を始めた時刻《じこく》**を答えなさい。また，**求め方を式と言葉**で説明しなさい。ただし，2台のドローンが飛行したコースの道のりはどちらの回り方であっても同じとし，ドローンはそれぞれ一定の速さで飛行したものとします。

図4

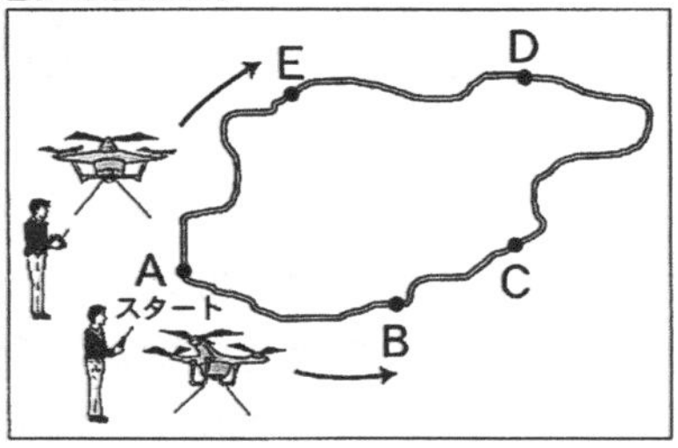

（3）「㋗防災ウォークラリー」とありますが，良太さんは，防災ウォークラリーで配布された**資料**を確認しています。良太さんは**図4**の地点Aをスタートして，B，C，D，Eの順にチェックポイントを通り，Aまで戻るコースを歩くのに，45分かかりました。

良太さんの移動時間と，**資料**に示された**目安とされている移動時間**との差を求め，**どちらがどれだけ短いか**，答えなさい。

資料

	移動時間の目安
*A～B～C	17分
B～C～D	20分
C～D～E	23分
D～E～A	21分
E～A～B	19分

*A～B～CはAからBを通ってCまで歩く道のりを表しています。
（B～C～D以下も同じです。）

2020(R2) 古川黎明中
教英出版

受 検 番 号	

*

問題の番号				解 答 を 記 入 す る 欄	
2	1	（1）	あ	コイルの巻き数が	
			い	コイルとくぎの距離が	
			う	芯の材料が	
		（2）			
	2	（1）			
				え	お
		（2）			
	3	（1）			
		（2）		面積（　　　　）cm^2	角度（　　　　）度
		（3）		面積（　　　　）cm^2	
				求め方	
		（4）		F：G：H ＝　　：　　：	

作文　解答用紙

＊ の欄《らん》に記入してはいけません。

〔注意〕
① 題名、氏名は書かずに、一行目から書き始めること。
② 原稿《げんこう》用紙の正しい使い方にしたがい、文字やかなづかいも正確に書くこと。

受検番号

＊

※25点満点

００字

５００字

解 答 用 紙（古川黎明中学校）

<注意> の欄《らん》に記入してはいけません。

*

※100点満点（1 50点　2 50点）　※部分配点非公表

問題の番号				解答を記入する欄
1	1	（1）		
		（2）	ア	
			イ	あ（　　　　）　い（　　　　）
	2	（1）		記号（　　　）
				理由
		（2）		
		（3）		
	3	（1）		
		（2）		午前（　　　）時（　　　）分
				求め方
		（3）		

検査問題

中学校生活では、より多くの人と接する機会が増えていきます。今後あなたが、自分とは異なるものの見方や考え方をする人といっしょに活動するとき、大切にしたいことは何ですか。理由を明確にして、四百字以上五百字以内で自分の考えを書きなさい。

〔注意〕　① 題名、氏名は書かずに、一行目から書き始めること。

② 原《げん》稿《こう》用紙の正しい使い方にしたがい、文字やかなづかいも正確に書くこと。

令和二年度　宮城県立中学校入学者選《せん》抜《ばつ》適性検査

作文

（古川黎明中学校）

検査用紙

注意

一　「始め」の指示があるまで、開いてはいけません。

二　「始め」の指示があったら、中を開いて、「解答用紙」に受検番号を記入しなさい。
検査時間は四十分です。

三　作文の「検査用紙」には、表紙に続き、「検査問題」があります。「解答用紙」は、別に一枚《まい》あります。

2 黎《れい》さん，明さん，道子さんたちの小学校では，学習発表会の準備を進めています。次の１～３の問題に答えなさい。

１　黎さんの班《はん》は，理科コーナーで電磁石《でんじしゃく》について発表しようと考え，先生と話をしています。あとの（１），（２）の問題に答えなさい。

黎さん	授業で習ったことを参考にして，エナメル線を巻《ま》く位置や芯《しん》の材料を変えることで，電磁石の強さがどのように変わるのかについて発表しようと思います。
先　生	では，㋐実験して確かめてみましょう。他に発表することはありますか。
黎さん	はい。㋑身の回りにある電磁石の性質を生かした製品に，どのような物があるかについて発表しようと考えています。
先　生	わかりました。では，発表を楽しみにしています。

（１）「㋐実験して確かめてみましょう」とありますが，黎さんたちは，**図１**のような電磁石Ａ～Ｄを作り，**図２**のような実験を行いました。**表**はその実験の結果で，**ノート１**はそれらをまとめたものです。［あ］～［う］に適切な言葉を書き入れ，**ノート１を完成**させなさい。

図１

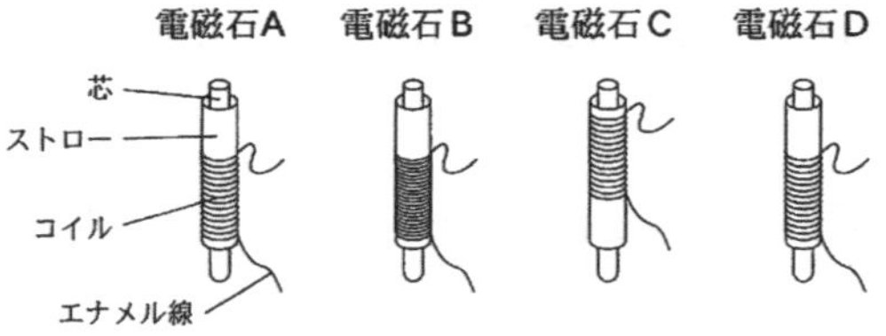

巻き数：ＡとＣとＤは50回巻，Ｂは100回巻
芯の材料：ＡとＢとＣは鉄，Ｄは銅
その他の条件はすべて同じ

図２　図１の向きのままくぎに電磁石を近づけて，ついたくぎの本数を調べる実験

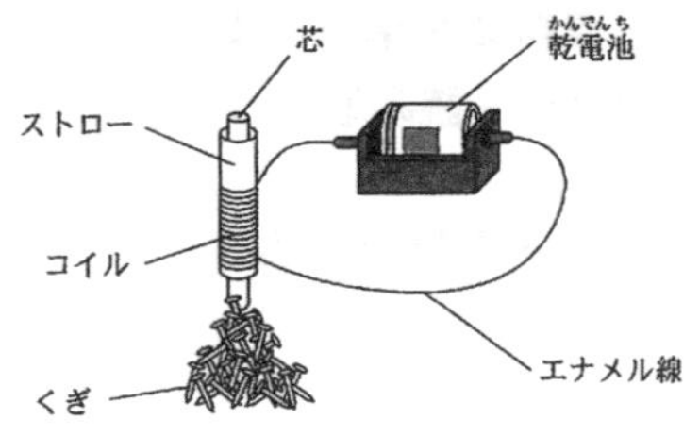

表　電磁石についたくぎの本数（本）

電磁石	１回目	２回目	３回目	４回目	５回目
電磁石Ａ	39	31	34	32	30
電磁石Ｂ	57	59	55	51	55
電磁石Ｃ	17	12	13	10	12
電磁石Ｄ	0	0	0	0	0

ノート１

・ＡとＢを比べて分かったこと
　コイルの巻き数が［あ］
・ＡとＣを比べて分かったこと
　コイルとくぎの距離《きょり》が［い］
・ＡとＤを比べて分かったこと
　芯の材料が［う］

（２）「㋑身の回りにある電磁石の性質を生かした製品」とありますが，再生リサイクル工場では，**写真**のように，電磁石を利用したクレーンが用いられています。

再生リサイクル工場で，**電磁石がクレーンに利用されている理由として考えられること**を書きなさい。

写真

※写真省略

電磁石が鉄くずを持ち上げている写真

2　明さんの班は，社会科コーナーで，奈良から江戸までの時代について発表するために，**ノート２**にまとめました。あとの（１），（２）の問題に答えなさい。

ノート２

時　代	奈良時代	＊ア	平安時代	イ	鎌倉時代	ウ	室町時代	エ	安土桃山時代	オ	江戸時代
説　明	（　え　）が中心の政治から，（　お　）が中心の政治に変わった。										

＊ア～オは，それぞれの時代と時代の境を示す。

（１）　明さんたちは，６つの時代について，政治の特徴《とくちょう》が大きく変わったところを境に２つに分け，発表しようと考えました。**あなたなら，どの時代とどの時代の間で分けますか。ノート２のア～オから１つ選び，記号**で答えなさい。

また，分けた理由の説明として，**（え），（お）**にあてはまる**言葉**を書き入れ，**説明を完成**させなさい。

（２）　明さんたちは，平安時代について発表するために藤原道長《ふじわらのみちなが》を取り上げ，**資料１**と**資料２**を準備しました。藤原道長が**資料１**のような歌をよんだ背景《はいけい》として，**資料２**から**読み取れること**を書きなさい。

資料１　**藤原道長がよんだ歌**

この世をば　わが世とぞ思ふ《（う）》
もち月の　かけたることも
なしと思へ《（え）》ば

〈歌の意味〉
この世の中は、自分の世のように思われる。まるで、満月が少しも欠けていないように思われることだ。

資料２　**藤原道長の親戚《しんせき》関係の一部**

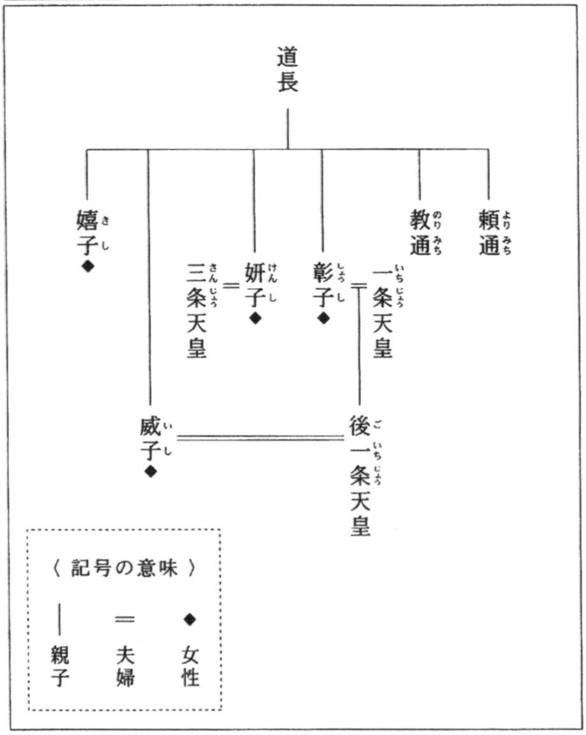

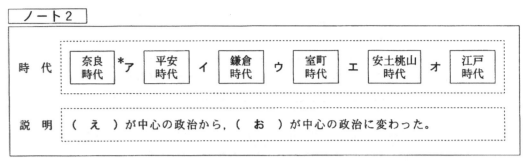

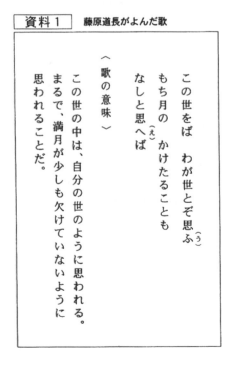

3　道子さんの班は，教室の壁《かべ》に折り紙で飾《かざ》りつけをしようと考え，1辺が18cmの正方形の折り紙を**図3**の①～③のように折り，④の黒い部分を切り取りました。あとの（1）～（4）の問題に答えなさい。

図3

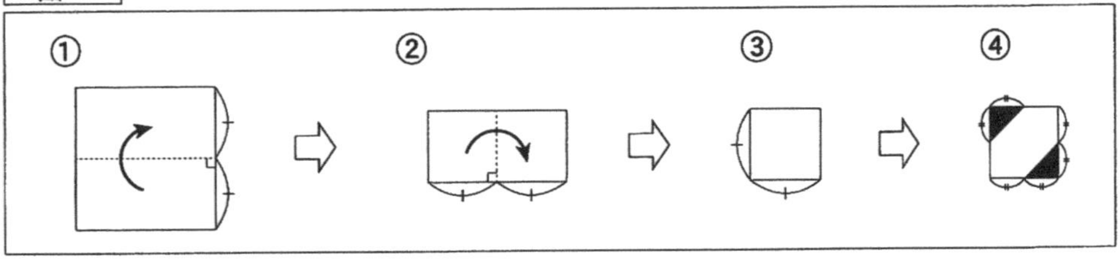

（1）　**図3**の④で，黒い部分を切り取った後，折り紙を広げたときに**できた飾りの形**を，次の**ア～エ**から**1つ選び**，**記号**で答えなさい。

ア　イ　ウ　エ

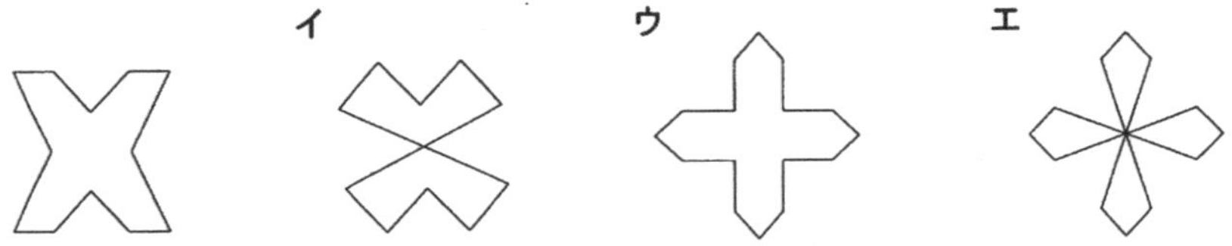

（2）　**図3**の④で切り取った部分の1つを広げると，形は**図4**のような三角形になりました。**この三角形の面積**と**Eの部分の角度**を求めなさい。

図4

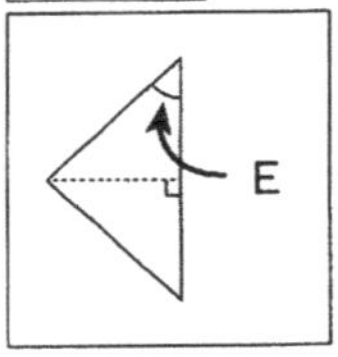

（3）　**図4**の三角形を100枚用いて，**図5**のように1cmずつ重ねた飾りを作り，壁に貼《は》りました。このとき，**できた飾りの面積**を求めなさい。また，**求め方を式と言葉**で説明しなさい。

図5　**壁に貼りつけた飾りと重ねた部分の拡大《かくだい》図《ず》**

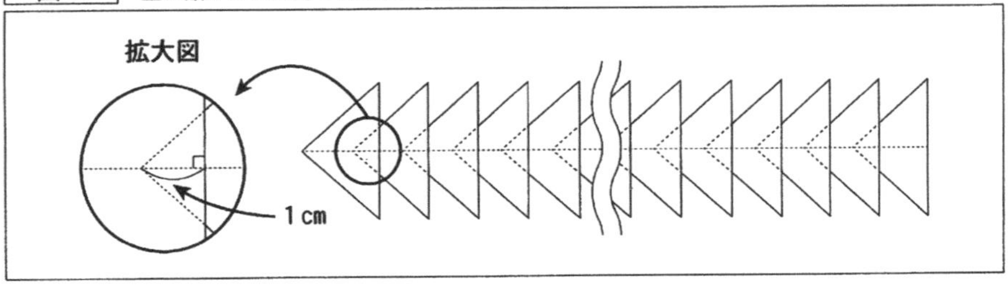

（4）　**図3**の③を，**図6**のように黒い部分を切り取ると，**図7**のような図形がそれぞれできました。**図7**の**点線で囲まれた図形について**，**それぞれ合計した面積の比**をもっとも**簡単《かんたん》な整数の比**で答えなさい。

図6

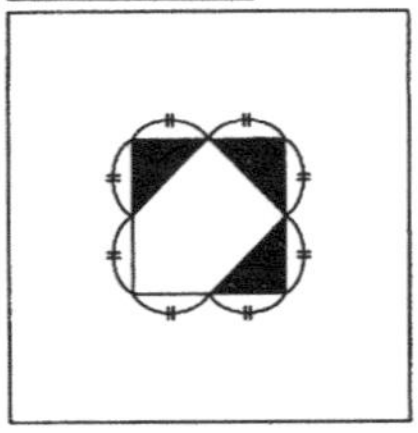

図7

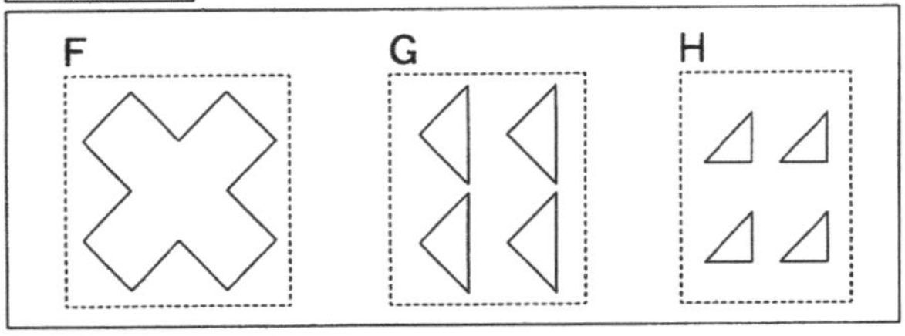

2020(R2) 古川黎明中
K 教英出版

平成３１年度　宮城県立中学校入学者選《せん》抜《ばつ》適性検査
（総合問題・古川黎明中学校）

検　　査　　用　　紙

注　意

１　**指示があるまで，**この**「検査用紙」を開いてはいけません。**

２　**総合問題**の「検査用紙」には，表紙に続き，**１ページから６ページまで「検査問題」**があります。**「解答用紙」は１枚《まい》**です。

３　**「始め」の指示**で，中を開いて，**「解答用紙」**に受検番号を書きなさい。その後，「検査問題」に取り組みなさい。**検査時間は６０分**です。

４　**解答は，**すべて**「解答用紙」に記入しなさい。**「検査用紙」の空いているところは，自由に使ってかまいません。

1 小学６年生の太郎さんは，夏休みに家族で，おばあさんの家に行きました。
次の１～３の問題に答えなさい。

１　おばあさんの家では，農業を営んでいます。次の会話文は，食事中に米作りについて話したときのものです。あとの（１）～（３）の問題に答えなさい。

太郎さん	おばあさんは，いつからお米を作っているの。
おばあさん	ずっと昔からだよ。おばあさんは，この家にお嫁《よめ》に来た時から米作りをしているんだけど，㋐今ではずいぶん楽になったよ。
お父さん	お父さんが子どものころ，おばあさんがかまどを使って釜《かま》で炊《た》いたご飯はとてもおいしかったな。
おばあさん	「㋑はじめチョロチョロ　なかパッパ　赤子《あかご》泣いても蓋《ふた》取るな」という言い伝えを守って炊いていたからね。
お父さん	平成５年に㋒冷害があって，寒さに強い品種に変えたけど，今でもおばあさんが作って炊いてくれたご飯が一番おいしいよ。

＊赤子：生まれたばかりの子ども

（１）「㋐今ではずいぶん楽になったよ」とありますが，**写真１**，**写真２**，**グラフ１**をもとに，**昔と今の米作りにかかる時間がどのように変化したのか，理由とともに**説明しなさい。

写真１　昭和30年ごろの田植えの様子

写真２　現在の田植えの様子

グラフ１　米作りにかかる水田10aあたりの年間の労働時間

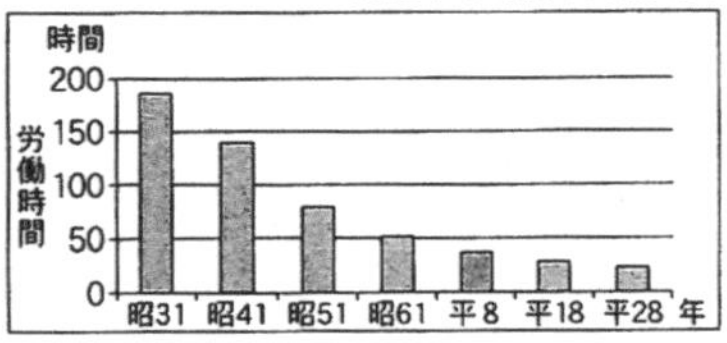

（農林水産省農業経営統計調査より作成）

（２）「㋑はじめチョロチョロ　なかパッパ　赤子泣いても蓋取るな」とありますが，このことについて太郎さんが調べたところ，この言い伝えには，釜でご飯を炊く場合のポイントが表されていることが分かりました。下の**資料１**は太郎さんが調べた内容をまとめたものです。**資料１**の［あ］，［い］**にあてはまる言葉**を答えなさい。

資料１

はじめチョロチョロ	弱火で時間をかけて釜全体を温める。また，米に［あ］を吸収させる。
なかパッパ	強火にして蓋がコトコト音をたてるくらいに［い］させる。
赤子泣いても蓋取るな	火を消して蒸《む》らし終わるまで蓋を開けてはいけない。

（３）「㋒冷害」とありますが，冷害の原因の１つに「やませ」があります。「やませ」による冷害についてまとめた下の文中の［う］，［え］**にあてはまる言葉を図１を参考にして**答えなさい。

「やませ」とは，春から夏にかけて吹《ふ》く東よりの冷たく湿《しめ》った風のことである。稲《いね》の穂《ほ》が出る時期に「やませ」が吹き続くと，太平洋側では，気温の［う］い日が続いたり，［え］やくもりの日が続いたりして，稲の生育に大きなえいきょうを与える。

図１

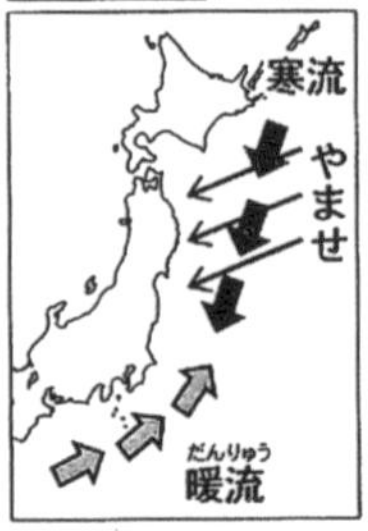

2　太郎さんは，夏休みの自由研究で，洗《せん》たくについて調べることにしました。次の会話文は，おばあさんと話したときのものです。あとの（1）～（3）の問題に答えなさい。

太郎さん	家庭科の授業で洗たくを手洗いでやったよ。そのときに確かめたいと思ったことがあったんだ。
おばあさん	何を確かめたいと思ったの。
太郎さん	㋓洗たく液を作るときに，よくかき混ぜたら洗ざいが見えなくなったから㋔洗ざいはなくなってしまったのかなと思ったんだ。それから，㋕洗たく物の色がちがうとかわき方もちがうのかなとも思ったんだ。今日は，それについて調べるために，白色と黒色のTシャツを１枚ずつ手洗いで洗たくするから，手伝ってもらえるかな。
おばあさん	いいわよ。この洗いおけと粉末《ふんまつ》洗ざいを使ってやってみようか。
太郎さん	はじめに，洗たく液を作るね。白色と黒色のTシャツの重さをはかったら，それぞれ150gだったよ。

（1）「㋓洗たく液を作る」とありますが，太郎さんは**表１**のような洗ざいの使用量のめやすを見て，洗たく液を作りました。Tシャツ２枚を洗うために必要な**洗ざいの量は何gになるか**，答えなさい。

表１　洗ざいの使用量のめやす

水の量	洗たく物の重さの15倍
洗ざいの量	水３Lに対して3.4g

*水１Lの重さを１kgとする

（2）「㋔洗ざいはなくなってしまったのかな」とありますが，太郎さんは洗ざいがなくなったかどうかを確かめるために，電子てんびんを使って右の**手順**で調べました。その結果，**手順**の④では**手順**の①と③の重さが同じになりました。**手順**の①と③のはかり方として適切なものを，**下のA～Eから１つずつ選び**，**記号**で答えなさい。

手順

① 洗ざいを水にとかす前の重さをはかる。
② 洗ざいをすべて水に入れてよくかき混ぜてとかす。
③ 洗ざいを水にとかした後の重さをはかる。
④ ①ではかった重さと③ではかった重さを比べる。

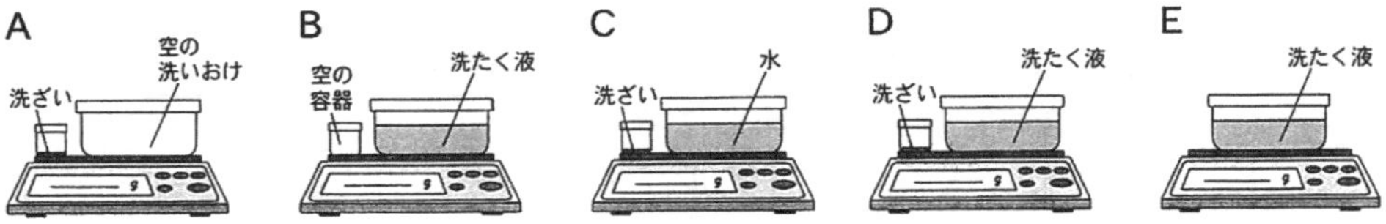

（3）「㋕洗たく物の色がちがうとかわき方もちがうのかな」とありますが，太郎さんは白色のTシャツと黒色のTシャツを洗たくした後，日なたに干《ほ》して，かわき方について調べました。**グラフ２**は干し始めてからの時間とTシャツの重さとの関係を表したものです。黒色のTシャツのかわき方を表したものとして適切なものを，**グラフ２の**Ⓐ，Ⓑ**から１つ選び**，**記号**で答えなさい。また，選んだ理由を**温度**という言葉を使って説明しなさい。ただし，白色のTシャツと黒色のTシャツは布の種類，形，大きさ，干し方が同じものとします。

グラフ２　Tシャツの重さの変化

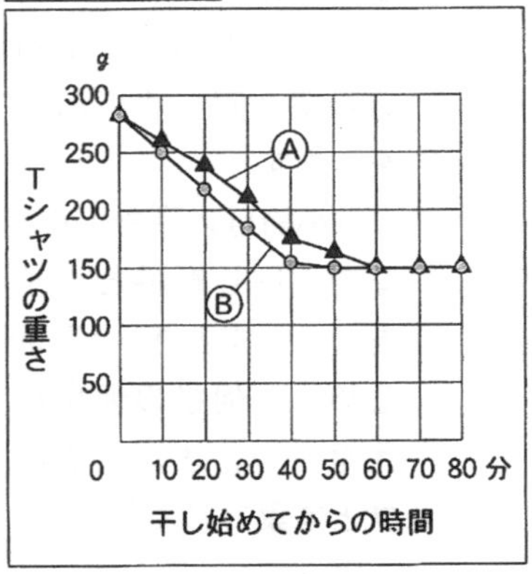

3　太郎さんは，おばあさんの家での生活を充実《じゅうじつ》したものにするために，下のような目標を立てました。あとの（1）～（3）の問題に答えなさい。

生　活	・午前6時に起床《きしょう》し，午後10時に就寝《しゅうしん》する。 ・地域《ちいき》で行うラジオ体操《たいそう》に参加する。　・町のプールに行く。
学　習	・午前中に1時間30分勉強する。　・読書をする。
その他	・地域の社会福祉施設《しゃかいふくししせつ》の交流会に参加する。

（1）　太郎さんは，目標をもとに1日の計画表を作りました。**表2**はその一部です。午前8時20分から勉強を始め，目標どおりの勉強時間を設定すると，**プールに使える▢部分の時間は何分とれるか**，答えなさい。ただし，勉強とプールの間にとる移動をふくむ休けい時間は20分とし，12時にプールを出発することにします。

表2

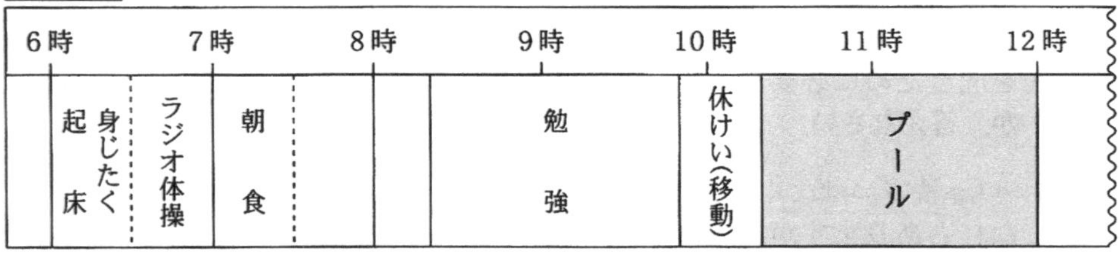

6時
7時
8時
9時
10時
11時
12時
起床
身じたく
ラジオ体操
朝食
勉強
休けい(移動)
プール

（2）　太郎さんは午後の時間に，いとこから借りた本を読むことを計画しています。いとこがその本を毎日同じページ数だけ読んだところ，読み終えるまでに25日間かかったそうです。太郎さんは，いとこよりも毎日6ページずつ多く読んで，19日間で読み終える計画を立てました。**太郎さんは1日に何ページ読むことにしたか**，答えなさい。

（3）　太郎さんは，おばあさんといっしょに近くの社会福祉施設の交流会に参加し，お年寄りの人たちと「アルプス一万尺《いちまんじゃく》」の曲を歌いながら手拍子《てびょうし》をすることにしました。**資料2**の楽譜《がくふ》で1小節目で1回，2小節目で1回，3小節目で2回，4小節目で1回，手拍子をします。

5小節目以降《いこう》も1小節目から4小節目までと同じ順番とタイミングで手拍子をくり返すとき，172回目の手拍子をするのは，**何番の何小節目になるか**，答えなさい。また，このときの**求め方**を**式と言葉**で答えなさい。

資料2

アルプス一万尺
作詞者不明
アメリカ民謡
♩= 120
アルプス　いちまんじゃく　こやりの　うえで
アルペン　おどりを　おどりま　しょう　ヘイ
ラン　ララ　ラ　ラララ　ラ　ラン　ララ　ラ　ラララ
ラン　ララ　ラ　ラララ　ラ　ララララ　ラ　ラ

＊上の楽譜は1番の楽譜です。2番以降もこの楽譜をくり返します。

＊この曲は25番以上あると言われています。

＜注意＞ □ の欄に記入してはいけません。

*

問題の番号			解答を記入する欄《らん》
2	1		（　　　　　　）円
	2	(1)	（　　　　　　）m^3
		(2)	あ
		(3)	い（　　　　　　）　う（　　　　　　）
		(4)	アイナメ（　　　　　　）匹　イワシ（　　　　　　）匹
	3	(1)	
		(2)	カツオ
			動物プランクトン
	4	(1)	え
		(2)	
		(3)	ア
			イ

作文　解答用紙

〔注意〕

① 題名、氏名は書かずに、一行目から書き始めること。

② 原稿《げんこう》用紙の正しい使い方にしたがい、文字やかなづかいも正確に書くこと。

＊ の欄《らん》に記入してはいけません。

受検番号

＊

※25点満点

0字

５００字

【解答用

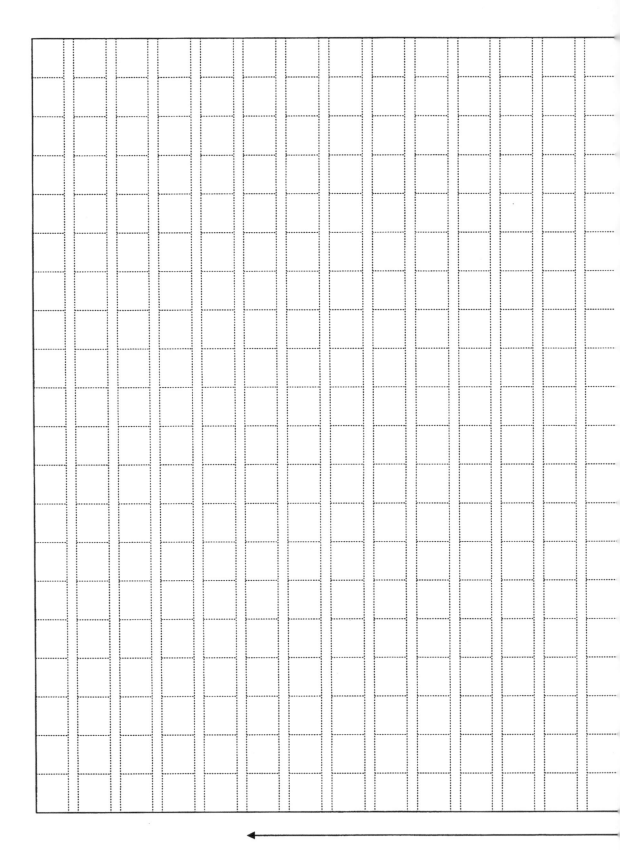

解 答 用 紙（古川黎明中学校）

受 検 番 号	

*

※100点満点（1 50点　2 50点）　※部分配点非公表

問題の番号			解 答 を 記 入 す る 欄《らん》
1	1	(1)	
		(2)	あ（　　　　）　い（　　　　）
		(3)	う（　　　　）　え（　　　　）
	2	(1)	（　　　　）g
		(2)	①（　　　　）　③（　　　　）
		(3)	記号（　　　　）
			理由
	3	(1)	（　　　　）分
		(2)	（　　　　）ページ
		(3)	（　　　）番の（　　　）小節目
			求め方

平成三十一年度　宮城県立中学校入学者選抜《せんばつ》適性検査（作文・古川黎明中学校）

問題

学校生活には授業をはじめ、学級活動や委員会活動など様々な場面で「話し合い」をする機会がありますが、「話し合い」で大切なことは何だと思いますか。あなたのこれまでの学校生活での経験をもとに、四百字以上五百字以内で、理由を示しながら書きなさい。

〔注意〕① 題名、氏名は書かずに、一行目から書き始めること。

② 原稿《げんこう》用紙の正しい使い方にしたがい、文字やかなづかいも正確に書くこと。

平成三十一年度　宮城県立中学校入学者選抜《せんばつ》適性検査（作文・古川黎明中学校）

検査用紙

注意

一　**指示があるまで、**この**「検査用紙」を開いてはいけません。**

二　**作文**の「検査用紙」には、表紙に続き、**「検査問題」**があります。**「解答用紙」は、別に一枚《まい》**あります。

三　**「始め」の指示**で、中を開いて、**「解答用紙」**に受検番号を書きなさい。**検査時間は四十分**です。

2 中学生の黎《れい》さんは，家族で水族館に行きました。
次の１～４の問題に答えなさい。

１　黎さんの家族は，お父さん，お母さん，高校生のお兄さん，小学生の妹の５人家族です。「前売り券」の料金は，大人が**表１**の入場料の10％引き，小人は15％引きです。**黎さんの家族全員が「前売り券」を購入《こうにゅう》していたとすると，いくら支払ったのか**，答えなさい。

表１　入場料

大人（高校生以上）	1500円
小人（小・中学生）	800円

２　黎さんは「三陸沖《おき》の海にすむ生き物」のコーナーで解説員と話をしました。次の会話文を読んで，あとの（１）～（４）の問題に答えなさい。

解説員　「三陸沖の海にすむ生き物」の水槽《すいそう》では，イワシ，アイナメ，マダイ，サバなどたくさんの魚が見られます。最も少ないマダイでも30匹《ぴき》います。

黎さん　イワシの大群は迫力《はくりょく》がありますね。よく見ると，イワシが口を開けて泳いでいますが，えさを食べているのですか。

解説員　いいところに気づきましたね。でもイワシが泳ぐときに口を開けるのは，えさを食べるためだけではなく，㋐えらで呼吸するためでもあるのですよ。イワシは泳ぎながら，口から海水を取り入れ，［　あ　］呼吸しています。

黎さん　私たちと同じようにイワシも呼吸しているのですね。さっきイルカのショーの前にイルカが自由に泳いでいる様子を見ていたら，しばらく水中にもぐったあと，水の上に頭を出していました。頭の上の方に穴がありました。

解説員　よく気がつきましたね。イルカは頭の上の方にある穴から［　い　］を出し入れしていて，人やウサギと同じように［　う　］で呼吸をしています。

（１）　「三陸沖の海にすむ生き物」の水槽は右の**図１**のような形をしていて，通路の上や横を泳ぐ魚を見ることができます。この**水槽の容積は何m^3になるか**，答えなさい。ただし，ガラスの厚さは考えないこととします。

図１

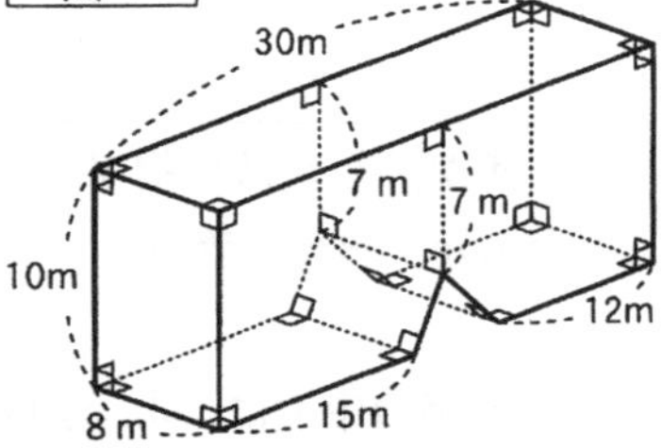

（２）　「㋐えらで呼吸する」とありますが，上の会話文の［　あ　］にはえら呼吸についての説明の一部が入ります。［　あ　］に入る適切な説明を**血液**という言葉を使って答えなさい。

（３）　会話文中の［　い　］，［　う　］に**あてはまる言葉**を答えなさい。

（４）　**表２**は水槽の中のイワシ，アイナメ，マダイ，サバの数の割合を表したものです。**アイナメとイワシはそれぞれ何匹いるか**，答えなさい。

表２

アイナメ：マダイ	4：1
イ ワ シ：サ　バ	7：2
アイナメ：サ　バ	3：8

３　黎さんは「海の中の食物連鎖《しょくもつれんさ》と生き物の数」と書かれた**図２**のパネルの前で解説員と話をしました。次の会話文を読んで，あとの（１），（２）の問題に答えなさい。

図２　パネル

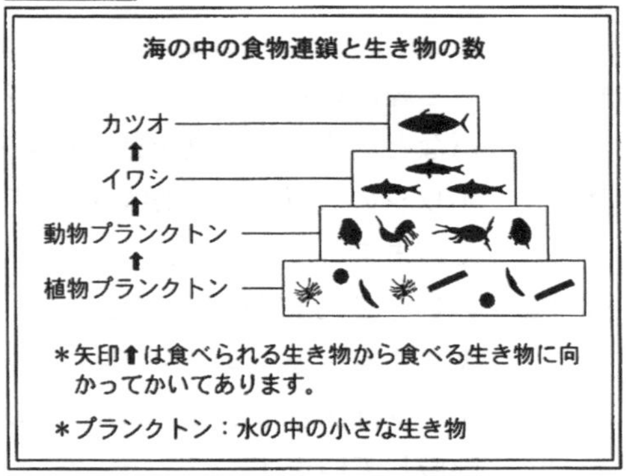

解説員　生き物はほかの生き物と「食べる」「食べられる」という関係でつながっています。このようなつながりを食物連鎖といいます。このパネルはカツオ，イワシ，動物プランクトン，植物プランクトンを例として食物連鎖と生き物の数の関係を表したものです。多くの場合，「食べる」「食べられる」という関係において，食べる生き物よりも食べられる生き物の数の方が多いので，このパネルのピラミッドのような形になるのですよ。

黎さん　ピラミッドの土台が植物プランクトンになっていますが，植物プランクトンは植物の仲間なのですか。

解説員　そうです。海の中の生き物も陸上の生き物と同じく，㋑植物プランクトンなどの植物の仲間から食物連鎖がはじまっているのです。動物は植物やほかの動物を食べて，その中にふくまれる養分を取り入れています。

（１）　「㋑植物プランクトンなどの植物の仲間から食物連鎖がはじまっている」とありますが，それは植物プランクトンなどの植物の仲間にどのようなはたらきがあるからか，**日光**，**養分**という**２つ**の言葉を使って説明しなさい。

（２）　自然の中では，ある動植物の数が変化したとき，食物連鎖により，他の動植物の数も変化することがあります。**図２**のパネルに示された生き物について考えた場合，イワシの数が急に減ると，カツオや動物プランクトンの数はどのように変化するか，**「食べる」「食べられる」という関係**をもとに答えなさい。

4　黎さんは，水族館を見学した後，「わたしたちの食生活と水産業」というテーマで水産業について調べました。次の（1）～（3）の問題に答えなさい。

（1）　黎さんは，まず水産資源を守る漁業の取り組みについて調べました。**資料1**は黎さんがまとめた内容の一部です。**資料1**の［ え ］**にあてはまる言葉**を答えなさい。

資料1　**水産資源を守る漁業の取り組み**

大まかな区別	取り組みの例	対象となっている水産物の例
とり過ぎを防ぐ取り組み	とってはいけない期間を決めている。	アワビ，ウニ，マダコなど
	決められた基準よりも小さなものをとることを禁止している。	アワビ，ウニ，ハマグリ，アサリなど
	とってよい量の上限を決めている。	サンマ，スルメイカなど
［ え ］に力を入れる取り組み	出荷できる大きさまで人間が世話をし，成長させてからとっている。	ギンザケ，カキ，ホヤ，ワカメ，ノリなど
	人間の手でたまごをかえした後，放流し，自然の中で成長させてからとっている。	サケ，ヒラメなど

（宮城県公式ウェブサイト「宮城県の水産業」より作成）

（2）　黎さんは，宮城県では水産加工業がさかんであることを知り，魚のかんづめ工場へ見学に行きました。**資料2**は黎さんが魚のかんづめができるまでの流れをまとめたものです。**魚をかんづめにする利点**は何か，**資料2**をもとに**2つ**答えなさい。

資料2　**魚のかんづめができるまでの主な流れ**

【工程1】
・魚を水洗いする。
・骨や皮などを取り除く。

⇨

【工程2】
・金属探知機《たんちき》で魚を検査する。
・かんに魚や調味料を入れる。

⇨

【工程3】
・ふたをして中の空気を抜く。
・蒸気でさっきんする。

⇨

【工程4】
・品質検査をする。
・箱づめして出荷する。

（3）　黎さんは，水産物の海外からの輸入について調べる中で，**資料3**，**表3**を見つけ，日本は自給率《じきゅうりつ》が低いため，フードマイレージが大きくなることが分かりました。**資料3**と**表3**をもとにして，あとの**ア**，**イ**の問題に答えなさい。

資料3　**フードマイレージ**

フードマイレージとは，食料の輸送量に輸送きょりをかけた値《あたい》で，大きくなればなるほど，環境《かんきょう》に悪いえいきょうをおよぼす。
(求め方)
食料の輸送量(t) × 食料の輸送きょり(km)

（農林水産省資料より作成）

表3　**各国の食用魚かい類の自給率**

国名	自給率(%)
ベトナム	153
タイ	148
カナダ	138
中国	112
日本	62

（水産庁「水産白書」より作成）

ア　フードマイレージが大きくなると，なぜ環境に悪いえいきょうをおよぼすのか，**排出《はいしゅつ》量**という言葉を使って説明しなさい。

イ　自給率を高め，フードマイレージを小さくするために，**私たちが消費者としてできること**を答えなさい。

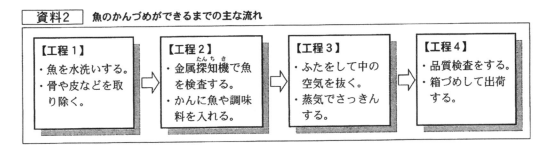

平成３０年度　宮城県立中学校入学者選抜《せんばつ》適性検査
（総合問題・古川黎明中学校）

検　査　用　紙

注　意

1　**指示があるまで**，この**「検査用紙」を開いてはいけません。**

2　**総合問題**の「検査用紙」には，表紙に続き，**１ページから６ページまで「検査問題」**があります。**「解答用紙」は１枚《まい》**です。

3　**「始め」の指示**で，中を開いて，**「解答用紙」**に受検番号を書きなさい。その後，「検査問題」に取り組みなさい。**検査時間は６０分**です。

4　**解答は**，すべて**「解答用紙」に記入しなさい。**「検査用紙」の空いているところは，自由に使ってかまいません。

1　太郎さん，ゆう子さん，よし子さんの学年では，個人ごとに興味をもったことについて，調べ学習に取り組みました。
次の１～３の問題に答えなさい。

1　太郎さんは，最近よく見かける「太陽光発電のパネル」について興味をもちました。次の会話文は，太陽光発電のパネル設置業者の田中さんと話したときのものです。あとの（１）～（３）の問題に答えなさい。

太郎さん	太陽光発電のよさを教えてください。
田中さん	太陽光発電は，太陽の光で電気を作り出しているため，天然ガスや石炭，石油などを燃料とする火力発電と違《ちが》い，二酸化炭素を排出《はいしゅつ》しません。このことは，環境《かんきょう》を守る上でとても大事なことで，㋐太陽光発電が注目される大きな理由です。
太郎さん	だから，太陽光発電のパネルをよく見かけるのですね。
田中さん	太陽光発電の他に，風力発電，地熱発電，水力発電なども注目されていますよ。太陽光や風力，地熱などのように自然の力を利用し，繰《く》り返し使うことができるエネルギーを再生可能エネルギーと呼《よ》び，日本は今，その開発に力を入れています。しかし，㋑再生可能エネルギーにも，課題はあるんですよ。
太郎さん	そうなんですね。㋒日本のエネルギー問題についても調べてみます。

（１）　「㋐太陽光発電が注目される大きな理由です」とありますが，太郎さんが太陽光発電について調べたところ，**グラフ１**と**グラフ２**を見つけました。**グラフ１とグラフ２から太陽光発電について読み取れることを**答えなさい。

グラフ１　住宅用太陽光発電導入件数

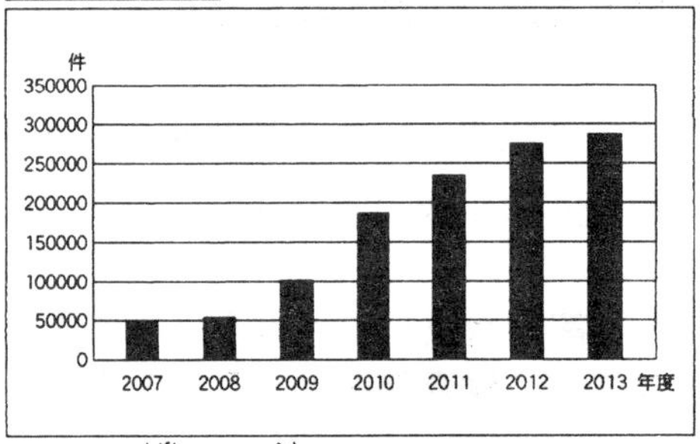

（資源《しげん》エネルギー庁《ちょう》「再生エネルギー関連パンフレット」より作成）

グラフ２　年間発電電力量の割合（2013年度）

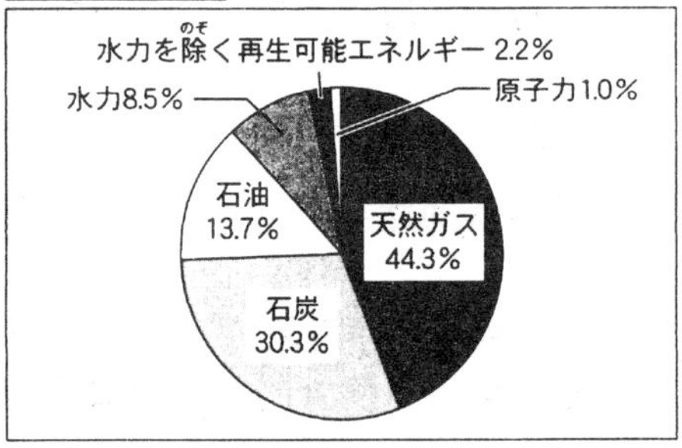

（資源エネルギー庁「日本のエネルギー」より作成）

（２）　「㋑再生可能エネルギーにも，課題はあるんですよ」とありますが，**太陽光発電と風力発電に共通する課題には，どのようなことがあると考えられるか**，答えなさい。

（３）　「㋒日本のエネルギー問題についても調べてみます」とありますが，太郎さんは，日本のエネルギー問題としてエネルギー自給率について調べ，他の国の状況《じょうきょう》と比べるために，**表１**のようにまとめました。**表１**を参考に，日本のエネルギーについていえることを**エネルギー自給率，輸入，エネルギー資源の３つの言葉をすべて使って**答えなさい。

表１
エネルギー自給率（2013年）

国	自給率（％）
アメリカ	86.0
イギリス	57.6
ドイツ	37.9
日本	6.1

（資源エネルギー庁「日本のエネルギー」より作成）

2　ゆう子さんは，「学校の近くを流れる川」について調べるために，お父さんと川を見に来ました。次の会話文は，そのときのものです。あとの（1）～（3）の問題に答えなさい。

図1

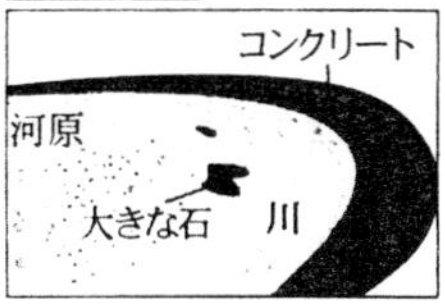

ゆう子さん　お父さん，河原にこれまで見られなかった大きな石があるよ（**図1**）。数日前に㋓台風が来て，大雨が降《ふ》っていたことと関係しているのかな。

お父さん　そうかもしれないね。ふだんは流れのゆるやかな川だけど，台風のときにテレビのニュースで映し出されていたこの川の様子は，いつもとかなり違っていたからね。

ゆう子さん　そういえば，大きな石がある㋔川の曲がっているところでは，外側の川岸だけがコンクリートで固められているのね。

お父さん　そうだね。この川はコンクリートで固めているけれど，最近では，ただコンクリートで固めるだけではなく，石を用いたり，コンクリートの上に土をかぶせたりして，植物が育ちやすくしている方法も増えているみたいだよ。

ゆう子さん　㋕植物を育ちやすくすることでどんな効果があるのか，それについて調べてみたいな。

（1）　「㋓台風が来て，大雨が降っていたことと関係している」とありますが，**河原に大きな石が見られるようになったことは，台風が来て大雨が降っていたことと，どのように関係しているのか**，説明しなさい。

（2）　「㋔川の曲がっているところでは，外側の川岸だけがコンクリートで固められているのね」とありますが，**外側の川岸だけがコンクリートで固められている理由を，流れる水のはたらきにふれながら**答えなさい。

（3）　「㋕植物を育ちやすくすることでどんな効果があるのか」とありますが，ゆう子さんがさらに調べたところ，**図2のA～E**のような構造をしている水際域《みずぎわいき》[*1]において，魚類の生息量[*2]が**グラフ3**のように違っていることが分かりました。**植物が育ちやすい川岸にすることで，どのような効果があると考えられるか**，説明しなさい。

図2　水際域の構造

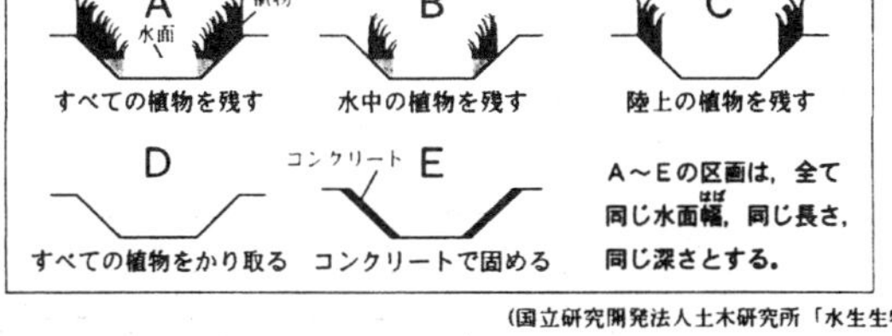

グラフ3　水際域の構造と魚類の生息量比較《ひかく》

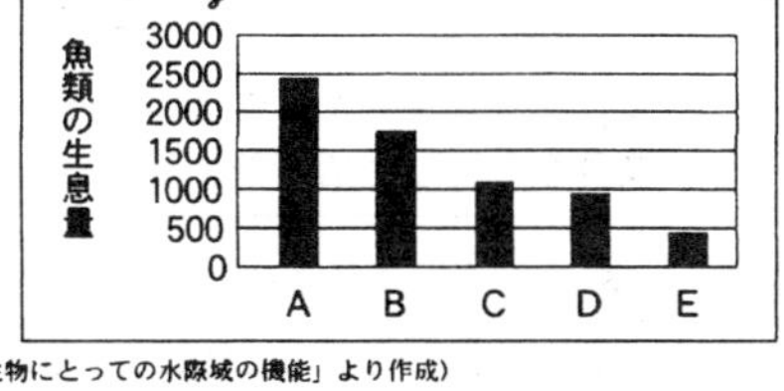

（国立研究開発法人土木研究所「水生生物にとっての水際域の機能」より作成）

＊1　水際域：水面が陸地と接しているところの陸上部分と水中部分
＊2　生息量：同じ条件でつかまえた魚の重量を足した量

3　よし子さんは，「健康と運動」について興味をもちました。次の会話文は，宮城県庁で健康に関する仕事をしている田村さんと話したときのものです。あとの（1），（2）の問題に答えなさい。

よし子さん	インターネットで健康づくりと運動について調べたら，㋖メッツという言葉が出てきました。メッツとは何ですか。
田村さん	歩行やジョギングなどの生活活動や運動のことを身体活動といい，その身体活動の強度*を表す単位がメッツです。
よし子さん	どんな運動をどれぐらいすればよいか，わかるものはありますか。
田村さん	㋗メッツ表で示されている身体活動を参考にすると，運動の目安を決めやすくなりますよ。

*強度：強さの度合いのこと

（1）「㋖メッツ」「㋗メッツ表」とありますが，よし子さんは，メッツについて調べ，**表2**のようにメッツと主な身体活動の関係をまとめました。また，身体活動による**エネルギー消費量**（kcal）は，次の計算で求められることが分かりました。

身体活動の強度（メッツ）×時間（時）×体重（kg）

表2　メッツと主な身体活動

メッツ	生活活動	運動
1.0	座《すわ》って仕事	
3.0	歩行，台所の手伝い	ボウリング，バレーボール
3.5	庭の草むしり，風呂掃除《ふろそうじ》	家で行う体操《たいそう》，カヌー
4.0	自転車に乗る，階段を上る	卓球《たっきゅう》，ラジオ体操
4.5	耕作，家の修ぜん	ダブルスのテニス
5.0	動物と活発に遊ぶ	野球，ソフトボール
5.5	シャベルで土や泥《どろ》をすくう	バドミントン
6.0	雪かき	軽いジョギング

（厚生《こうせい》労働省「健康づくりのための身体活動基準 2013」より作成）

よし子さんは，お父さんの休日の過ごし方を調べて次のように**メモ**し，どれぐらいのエネルギー消費量になるかを計算することにしました。

メモ（お父さんの主な身体活動）　平成29年10月7日（土）
台所の手伝い（30分），庭の草むしり（48分），軽いジョギング（20分），風呂掃除（12分）

このメモをもとに，10月7日のお父さんの**主な身体活動によるエネルギー消費量の合計は何kcalだったか**，答えなさい。ただし，お父さんの体重は70.0kgとします。

（2）よし子さんは，調べ学習を進めるうちに，身体活動量は「メッツ・時」という単位で表され，**身体活動の強度（メッツ）×時間（時）**で求められること，また，「18～64歳《さい》では，**3.0メッツ以上の身体活動を1週間に23.0メッツ・時行うこと**が健康づくりのための基準」とされていることを知りました。**表3**は，年令が40歳で，会社勤《づと》めをしているお父さんの1週間の主な身体活動の様子について調べ，まとめたものです。

よし子さんが，**表3**をもとにお父さんの1週間の身体活動量を調べた結果，健康づくりのための基準に達していないことが分かりました。そこで，**表2**をお父さんに見せながら，**平日（月～金曜日）の昼休みの過ごし方**について話し合うことにしました。**お父さんの1週間の身体活動量をちょうど23.0メッツ・時にするために，どのような身体活動をすればよいか**，次の2つの**条件**をふまえて答えなさい。また，**求め方を式と言葉**で答えなさい。

条件1：お父さんが昼休みに行う身体活動は，**10分間**とする。
条件2：同じ**生活活動**を平日（月～金曜日）の昼休みに**必ず行う**。

表3　よし子さんのお父さんの1週間（主な身体活動の様子）　（「－」は3.0メッツ以上の身体活動をしていないことを示す）

	朝	午前	昼休み	午後	夕方
平日（月～金曜日）	歩行による通勤《つうきん》（15分）	職場で座って仕事（3時間）	－	職場で座って仕事（4時間）	歩行による通勤（15分）
土曜日	台所の手伝い（30分）	庭の草むしり（48分）	－	軽いジョギング（20分）	風呂掃除（12分）
日曜日	家の修ぜん（20分）	庭の草むしり（48分）	－	軽いジョギング（10分）	風呂掃除（12分）

2018(H30)　県立古川黎明中
教英出版

＜注意＞ ＊ の欄に記入してはいけません。 ＊

＊

問題の番号			解答を記入する欄《らん》
2	1	(1)	直線㋐の長さ：（　　　　　　　）m 求め方：
		(2)	
	2	(1)	（　　　　　　　）kg
		(2)	カボチャ（　　　）g　小麦粉（　　　）g　砂糖（　　　）g
	3	(1)	
		(2)	
		(3)	
		(4)	上 北　　　南 下
		(5)	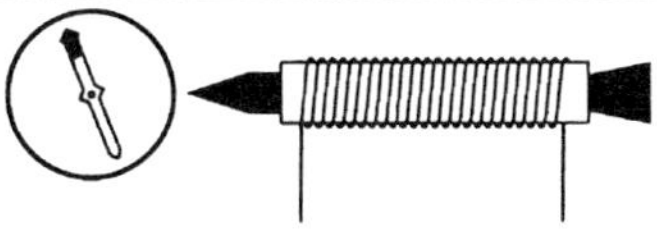

作文　解答用紙

※

の欄《らん》に記入してはいけません。

〔注意〕

① 題名、氏名は書かずに、一行目から書き始めること。

② 原稿《げんこう》用紙の正しい使い方にしたがい、文字やかなづかいも正確に書くこと。

受検番号

※

※25点満点
（配点非公表）

００字

５００字

解 答 用 紙（古川黎明中学校）

受 検 番 号	

＊

100点満点（1 50点　2 50点）※部分配点非公表

問題の番号			解 答 を 記 入 す る 欄《らん》
1	1	(1)	
		(2)	
		(3)	
	2	(1)	
		(2)	
		(3)	
	3	(1)	（　　　　　　　　）kcal
		(2)	23.0メッツ・時にするための身体活動は，（　　　　　　　　）である。
			求め方：

平成三十年度　宮城県立中学校入学者選抜《せんばつ》適性検査（作文・古川黎明中学校）

問題

知らないことや分からないことがあったとき、あなたならどのように解決しますか。これまでの体験をふまえて、そのように解決しようとする理由を明確にしながら、あなたの考えを四百字以上五百字以内で書きなさい。

〔注意〕①　題名、氏名は書かずに、一行目から書き始めること。
②　原稿《げんこう》用紙の正しい使い方にしたがい、文字やかなづかいも正確に書くこと。

平成三十年度　宮城県立中学校入学者選抜《せんばつ》適性検査（作文・古川黎明中学校）

検査用紙

注意

一　指示があるまで、この「検査用紙」を開いてはいけません。

二　作文の「検査用紙」には、表紙に続き、「検査問題」があります。「解答用紙」は、別に一枚《まい》あります。

三　「始め」の指示で、中を開いて、「解答用紙」に受検番号を書きなさい。検査時間は四十分です。

2　黎《れい》さんと明さんは，中学校の海外研修でオーストラリアに行くことになりました。
次の１～３の問題に答えなさい。

1　黎さんと明さんはバスに乗り，海岸沿《ぞ》いの高速道路を通って，空港に向かいました。次の会話文は，バスの車窓《しゃそう》から運動公園が見えたときのものです。あとの（1），（2）の問題に答えなさい。

黎さん	そういえば，体育祭でグラウンドに直線と直径30mの半円で１周200mのトラックを作ったよね。
明さん	そうそう，私は体育祭実行委員だったから，どうやってトラックを作るか，先生と何度も話し合ったんだ。あの時のトラックの㋐直線部分の長さは何mだったかな。
黎さん	あの看板《かんばん》を見て（**写真１**）。学校の近くの公園に設置されている避難《ひなん》場所の標示《ひょうじ》に似ているよね。
明さん	あの看板も避難場所の標示の１つで，㋑災害から身を守るために避難する場所を示しているんだ。高速道路を避難場所に指定する取組は，現在全国に広がっているんだよ。

（1）「㋐直線部分の長さは何mだったかな」とありますが，黎さんたちは，体育祭のとき，**図１**のようなトラックを作りました。**１周200mのトラックにするためには，図１の直線部分 ㋐ の長さを何mにすればよいか**，答えなさい。また，**求め方を式と言葉**で答えなさい。
　ただし，円周率は3.14とします。

図１

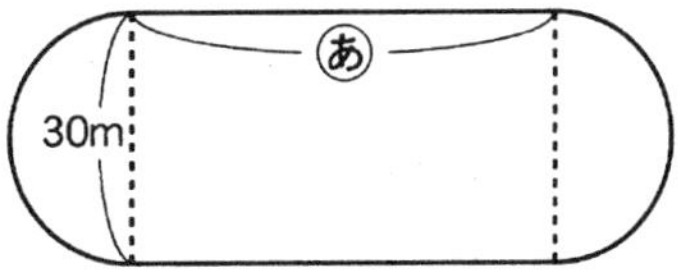

（2）「㋑災害から身を守るために避難する場所を示しているんだ」とありますが，この看板は，**写真１**，**写真２**のように高速道路に設置されていました。このような海岸沿いの地域では，**なぜ高速道路が避難場所に指定されているのかについて，どのような自然現象が災害を引き起こすと予想されるかもふくめて**，説明しなさい。

写真１　**高速道路からの写真**

写真２　**高速道路の下からの写真**

2　黎さんと明さんは，オーストラリアのシドニーに到着《とうちゃく》し，ホームステイ先のスミスさんの自宅に向かいました。農業を営むスミスさんは，米とカボチャを栽培《さいばい》しています。次の会話文はスミスさんと話したときのものです。あとの（1），（2）の問題に答えなさい。

黎　さ　ん　スミスさんの田はとても広いんですね。
スミスさん　私は全部で５区画の田を持っているんだ。
明　さ　ん　１区画の田から，どれくらいの米が収穫《しゅうかく》されますか。
スミスさん　５区画それぞれの収穫量は覚えてないけれど，㋒１区画あたりの平均収穫量は12000kgだったよ。
黎　さ　ん　そんなに米が収穫できるなんてすごいですね。
スミスさん　米だけでなく，今年はカボチャも味のよいものがたくさんとれたんだ。君たちにもごちそうしよう。
明　さ　ん　ありがとうございます。
黎　さ　ん　そのカボチャを使って，いっしょにクッキーを作りませんか。
スミスさん　いいですね。ここに，カボチャ400gと小麦粉1000gと砂糖《さとう》500gがありますよ。
明　さ　ん　それぞれどのくらいの割合《わりあい》にして混ぜればいいのかな。
黎　さ　ん　㋓カボチャと小麦粉と砂糖の重さの比を，５：７：３の割合にして混ぜればいいのよ。

（1）「㋒１区画あたりの平均収穫量は12000kg」とありますが，下の**表**は５区画の田（A～E）から収穫された米の量をまとめたものです。(い)**に入る数**を求めなさい。

表

田	A	B	C	D	E	平均
米の収穫量（kg）	(い)	11600	12300	12200	12100	12000

（2）「㋓カボチャと小麦粉と砂糖の重さの比を，５：７：３の割合にして混ぜればいいのよ」とありますが，**この割合でできるだけ多く材料を使ってクッキーを作るには，カボチャと小麦粉と砂糖をそれぞれ何gずつ使えばよいか**，求めなさい。

3　黎さんと明さんは，オーストラリアから帰国しました。次の会話文は，学校の教室で海外研修のふり返り学習に取り組んでいるときのものです。あとの（1）～（5）の問題に答えなさい。

黎さん　オーストラリアでの海外研修は楽しかったね。㋔これは休日にスミスさんといっしょに行った港の写真だよ。また行きたいなあ。
明さん　でも，オーストラリアはすごく遠かったね。㋕距離《きょり》がどのくらいあったのか調べたいな。
黎さん　そう言えば，飛行機が離陸《りりく》するときに機内のテレビで滑走路《かっそうろ》の様子が映っていたけれど，滑走路に数字が書いてあって不思議に思ったんだ。
明さん　私も不思議に思ってあとで調べてみたら，あれは㋖滑走路が真北《まきた》からどれだけずれているのかを示した数字なんだって。
黎さん　方位磁針《ほういじしん》みたいなものなんだね。㋗地球が大きな磁石《じしゃく》だから，方位磁針が役に立つことを㋘理科の授業で勉強したことを思い出したよ。

（1）「㋔これは休日にスミスさんといっしょに行った港の写真だよ」とありますが，**写真3**がその写真です。**この写真3は，図2の①～③のどの地点から撮影《さつえい》したものか，番号で答えなさい。**

写真3

図2

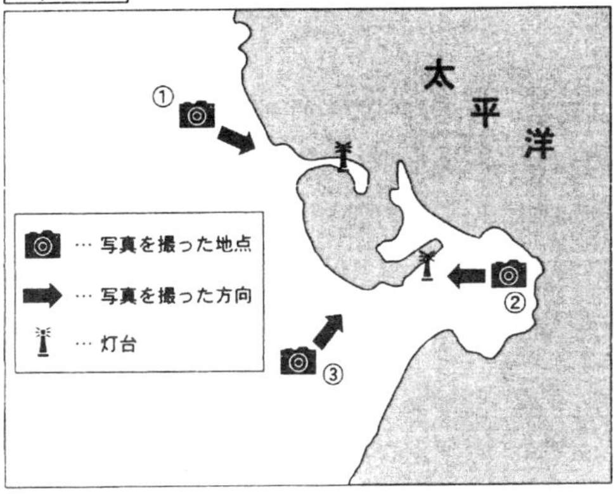

（2）「㋕距離がどのくらいあったのか調べたいな」とありますが，地球儀《ちきゅうぎ》と紙テープを使って，**東京からシドニーまでのおおよその距離を調べる方法**を答えなさい。

ただし，地球は球とし，赤道1周を4万kmとします。

（3）「㋖滑走路が真北からどれだけずれているのかを示した数字」とありますが，この数字は，真北を36として，**図3**のように決められています。ある滑走路に14という数字がかいてありました。**この滑走路が向いている方位**を答えなさい。

図3

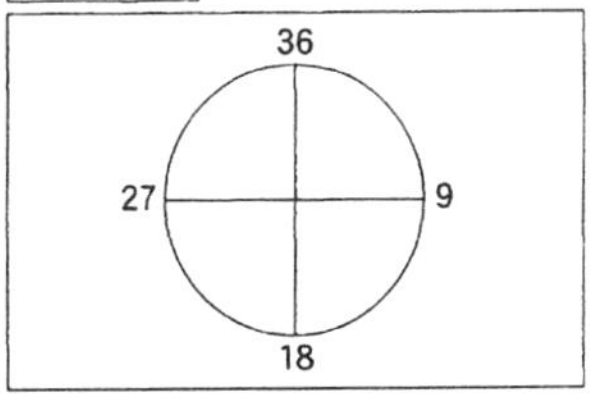

（4）「㋗地球が大きな磁石だから，方位磁針が役に立つ」とありますが，東京で棒磁石《ぼうじしゃく》の真ん中を糸でつるし，真横から見ると，**図4**のようになります。これは，地球が球であるために起こります。

これと同じ実験をオーストラリアのシドニーで行った場合には，**棒磁石の様子はどのようになるか，解答用紙の図**にかきなさい。

図4

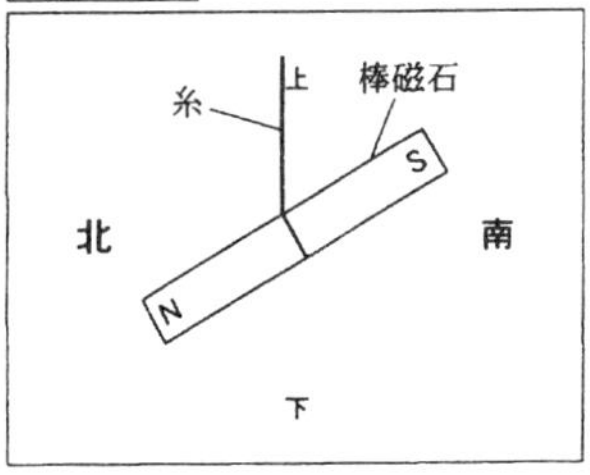

（5）「㋘理科の授業で勉強したこと」とありますが，**図5**のように鉄しん（鉄のくぎ）に導線《どうせん》をまき，乾電《かんでん》池《ち》を1個つないだ電磁石《でんじしゃく》にして方位磁針に近づけると，方位磁針は東の方向へおよそ5度ふれました。

2個の乾電池を使って，方位磁針を西の方向へおよそ5度ふれさせるには，**乾電池をどのようにつなげばよいか，乾電池と導線を解答用紙の図にかきなさい。**

図5

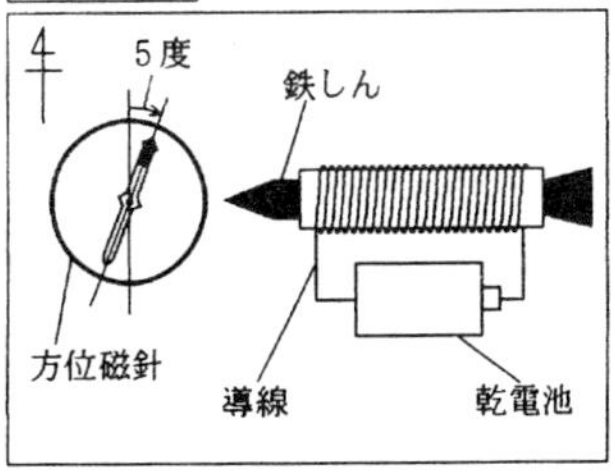

平成２９年度　宮城県立中学校入学者選抜《せんばつ》適性検査
（総合問題・古川黎明中学校）

検　査　用　紙

注　意

1　**指示があるまで，**この**「検査用紙」を開いてはいけません。**

2　**総合問題**の「検査用紙」には，表紙に続き，**１ページから６ページまで「検査問題」**があります。**「解答用紙」は１枚《まい》**です。

3　**「始め」の指示**で，中を開いて，**「解答用紙」**に受検番号を書きなさい。その後，「検査問題」に取り組みなさい。**検査時間は６０分**です。

4　**解答は，**すべて**「解答用紙」に記入しなさい。**「検査用紙」の空いているところは，自由に使ってかまいません。

1 夏休みにゆうこさんは，お兄さんといっしょに，東京に住むおじいさんの家へ遊びに行きました。

次の１～３の問題に答えなさい。

１ ゆうこさんとお兄さんは，おじいさんに街を案内してもらい，そのときに次のような会話をしました。あとの(１)，(２)の問題に答えなさい。

ゆうこさん	東京の街は，人や自動車が多いね。昔から多かったのかしら。
おじいさん	私《わたし》が子供のころは，戦後の復興が始まったころだったから，舗装《ほそう》された道路はほとんどなかったし，自動車の数も少なかったんだよ。私が働き始めた1960年代は，産業が盛《さか》んで，高速道路や新幹線がつくられたんだ。私たちの頭の上を通っている道路は，首都高速道路といって，㋐1964年に開かれた東京オリンピックに向けて建設が始まり，その後も建設が進んだんだよ。
ゆうこさん	そうなんだ。そういえば東海道新幹線も，前の東京オリンピックが始まる直前につくられたのよね。開会式の会場となった国立競技場にはたくさんの人が訪れたと聞いたことがあるわ。
おじいさん	そうだよ。その後も産業の成長とともに㋑道路や線路が整備され，人と物資の移動が活発になっていったんだよ。
お兄さん	学校で日本の高度経済《けいざい》成長について習ったけれど，おじいさんは，街や人々の暮《く》らしが変わっていく様子をずっと見てきたんだね。

（１）「㋐1964年に開かれた東京オリンピックに向けて建設が始まり」とありますが，**地図**は，東京オリンピックが開かれたときの首都高速道路とその周辺を示しています。オリンピックに向けて，**地図で示した首都高速道路が建設された理由**を，答えなさい。

地図

1964年の首都高速道路（開通時）

（国土交通省「首都高速道路の課題」より作成）

（２）「㋑道路や線路が整備され，人と物資の移動が活発になっていったんだよ」とありますが，ゆうこさんは，家に帰ってから夏休みの宿題として「日本の交通事情と物資輸送の変化」について調べ，**表１**，**表２**にまとめました。次の**ア**，**イ**の問題に答えなさい。

ア「道路の整備と物資の移動」と「線路の整備と物資の移動」のそれぞれについて，**表１**，**表２から読みとれることを**，答えなさい。

イ 自動車による貨物輸送には，鉄道による貨物輸送に比べて**どのような利点があると考えられるか**，答えなさい。

表１　鉄道と自動車の貨物輸送量の変化

年	鉄道の貨物輸送量（t）	自動車の貨物輸送量（t）
1955	170000000	569000000
1965	200000000	2193000000
1975	138000000	4393000000
1985	65000000	5048000000

（総務省統計局「輸送機関別国内輸送量－貨物」より作成）

表２　線路と舗装道路*の長さの変化

年	線路の長さ（km）	舗装道路の長さ（km）
1955	19946	4157
1965	21137	16730
1975	22183	36751
1985	22461	48435

＊舗装道路に高速道路も含まれる

（総務省統計局「道路延長及び舗装道路」「鉄道施設及び運転」より作成）

2　ゆうこさんとお兄さんは，おじいさんといっしょに，近所の夏祭りに行く途中《とちゅう》の公園で，次のような会話をしました。あとの(1)，(2)の問題に答えなさい。

ゆうこさん　西の空にきれいな三日月が見えるね（**図1**）。

おじいさん　そうだね。４日後に同じ場所で見てみると，月の形と位置が今日とは変わっているのがわかるよ。

お兄さん　４日後の同じ時間に３人でこの場所に見に来てみよう。

－４日後－

ゆうこさん　おじいさんが言ったとおり，㋒月の見える位置が変わっているし，月の形も半月になっているわ。

お兄さん　どうして㋓日によって月の形が変わって見えるのかな。

おじいさん　説明のために図をかいてきたから，ちょっと見てごらん（**図2**）。これは，宇宙から見た，今日の地球と月の位置関係，そして太陽の光の向きについて簡単に示したものなんだよ。月はおよそ１か月で地球の周りを１周しているんだ。そのため，［　㋔　］から，日によって月の形が変わって見えるんだよ。

ゆうこさん　そういうことなのね。よくわかったわ。

図1　**8月6日午後7時30分**

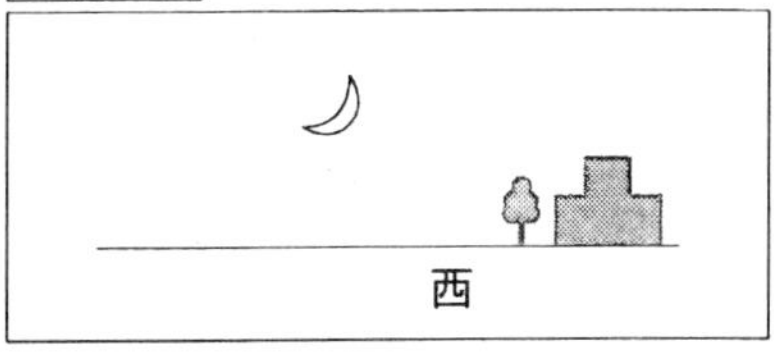

図2　**8月10日の地球と月の位置関係**

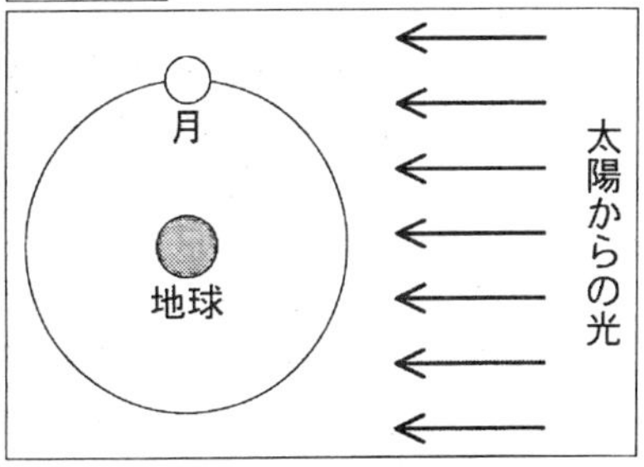

(1)「㋒月の見える位置が変わっている」とありますが，**図3**は，８月６日午後７時30分の三日月の位置を示しています。８月10日午後７時30分に見た月の位置は，８月６日午後７時30分に見た月の位置に比べて，どちらの方向に移動したか，**図3**の①～④から最も適切なものを**1つ**選び，**記号**で答えなさい。

図3

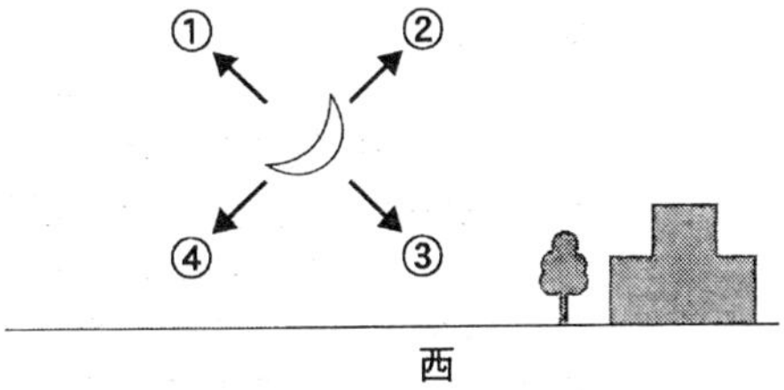

(2)「㋓日によって月の形が変わって見える」とありますが，このことについて，次の**ア**，**イ**の問題に答えなさい。

ア　会話文の［　㋔　］に入る，月の見え方が日によって変化する理由を答えなさい。

イ　10日後の８月20日に地球から見える月はどのような形をしているか，最も適切なものを，次の①～⑤から**1つ**選び，**記号**で答えなさい。

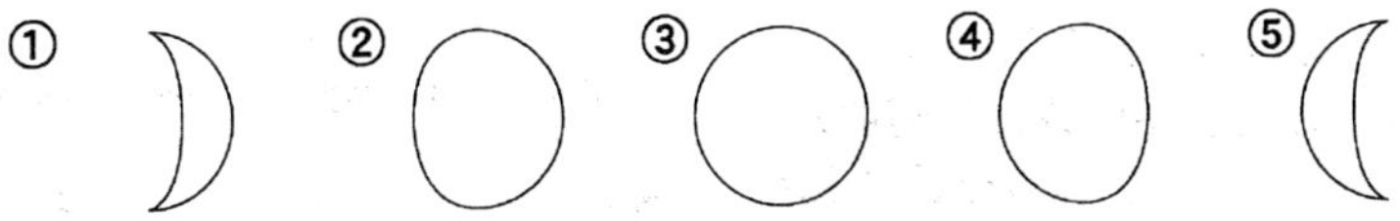

3　ゆうこさんとお兄さんは，おじいさんが経営しているたたみ工場を訪問《ほうもん》し，たたみのことについて次のような会話をしました。あとの(1)～(3)の問題に答えなさい。

お兄さん	おじいさん，今日はぼくたちに，たたみのことを教えてください。
おじいさん	私の家のたたみは，長方形の形をしているよね。たたみの長い辺は，短い辺の２倍になっていて，たたみ１枚《まい》分の大きさを１畳《じょう》と呼んでいるんだ。たたみをしく場合には，㋕たたみの角が十字に交わらない，つまり，４枚のたたみの角が１か所に集まらないようにするしき方が，えんぎが良いとされているんだ。
ゆうこさん	たたみのしき方，おもしろそうだわ。
おじいさん	ここの工場では，たたみを使った工芸品も作って販売《はんばい》しているんだよ。㋖たたみの切り方を変えて，小さい長方形や㋗正六角形などの工芸品も作っているんだ。お茶の道具や花びんを置いたり，部屋のインテリアとしてかざったりと，工夫しだいで様々な使い道があるんだよ。

(1)　２人は，**図４**のような３畳の部屋へのたたみのしき方について，実際のたたみの代わりに，**図５**のような，縦《たて》と横の長さの比が１：２の，同じ大きさの長方形の板３枚を用いて考え，**図６**のような３通りの方法を見つけました。

次に，**図７**のような６畳の部屋へのたたみのしき方について，**図５**の板**６枚を用いて考えました。６畳の部屋へのたたみのしき方は，全部で何通り**あるか，答えなさい。また，**そのうち㋕のようなしき方は何通り**あるか，答えなさい。

図４

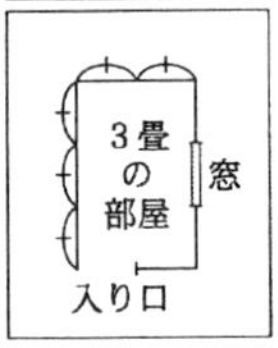

図５

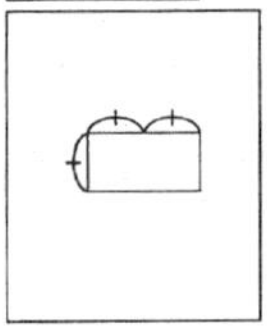

図６

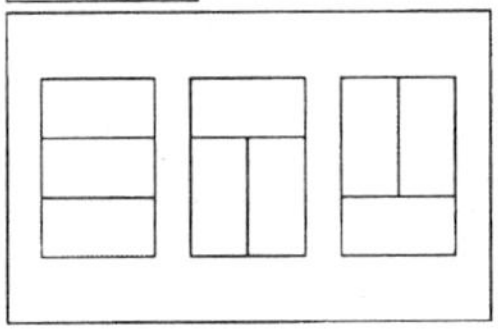

図７

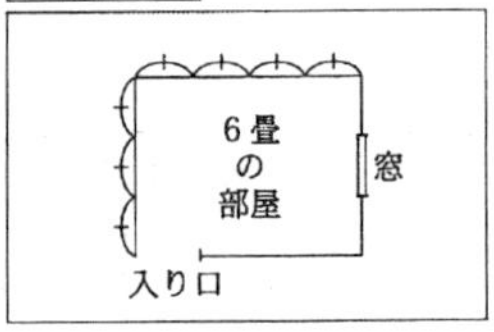

(2)　「㋖たたみの切り方」とありますが，２人は１枚のたたみを「縦や横の辺と平行な直線にそって切る切り方」でたたみを切るときのことを考えました。

この切り方で，１枚のたたみを２回切るときの例として**図８**のような場合が考えられ，たたみは最大で４つの部分に分けることができますが，この切り方で１枚のたたみを**７回切る場合，最大でいくつの部分に分けることができるか**，答えなさい。ただし，一度切ったものを動かして切ることはしないものとします。

図８

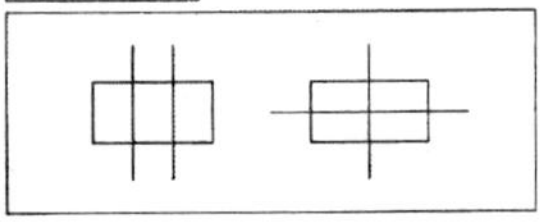

(3)　「㋗正六角形」とありますが，２人はこの工芸品に関心を持ち，これをたくさん用いて床《ゆか》にしきつめてみることにしました。

図９のように，まず，正六角形の工芸品を１枚置き，その周りをすきまなく囲むように，矢印の方向に工芸品をしきつめていったところ，ちょうど６周目が終わるところまでしきつめることができました。

中央に置いた最初の１枚をふくめて，しきつめたすべての工芸品の枚数は何枚か，答えなさい。また，**このときの枚数の求め方を，式と言葉**で答えなさい。

図９

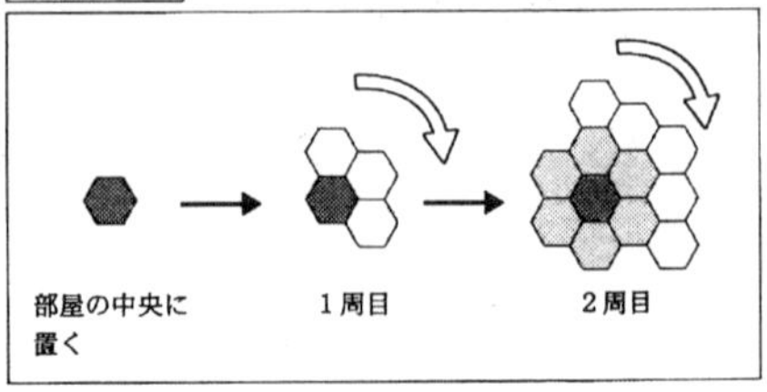

<注意> ＊ の欄に記入してはいけません。 ＊

＊

問題の番号			解　答　を　記　入　す　る　欄《らん》
2	1	(1)	記号：
			理由：
		(2)	
		(3)	
	2	(1)	(　　　　　　　　) 本
		(2)	(　　　　　　　　) 秒
	3	(1)	
		(2)	
		(3)	水の量：(　　　　　　　　) mL
			説明：

作文　解答用紙

〔注意〕

① 題名、氏名は書かずに、一行目から書き始めること。

② 原稿《げんこう》用紙の正しい使い方にしたがい、文字やかなづかいも正確に書くこと。

※の欄《らん》に記入してはいけません。

受検番号

※

※25点満点
(配点非公表)

００字

５００字

解 答 用 紙（古川黎明中学校）

受 検 番 号	

＊

100 点満点（1 50 点　2 50 点）※部分配点非公表

問題の番号			解 答 を 記 入 す る 欄《らん》
1	1	(1)	
		(2)	ア
			イ
	2	(1)	
		(2)	ア
			イ
	3	(1)	全部：（　　　　　）通り
			㋕ の「しき方」：（　　　　　）通り
		(2)	
		(3)	（　　　　　）枚《まい》
			求め方：

平成二十九年度　宮城県立中学校入学者選抜《せんばつ》適性検査（作文・古川黎明中学校）

問題

「得意なことを伸《の》ばす」ことと「苦手なことを克服《こくふく》する」ことはどちらも大切です。どちらか一つを選び、あなたが体験の中で感じたり学んだりしたことをもとに、その大切さについて、四百字以上五百字以内で書きなさい。

〔注意〕①　題名、氏名は書かずに、一行目から書き始めること。

②　原稿《げんこう》用紙の正しい使い方にしたがい、文字やかなづかいも正確に書くこと。

平成二十九年度　宮城県立中学校入学者選抜《せんばつ》適性検査（作文・古川黎明中学校）

検査用紙

注意

一　指示があるまで、この「検査用紙」を開いてはいけません。

二　作文の「検査用紙」には、表紙に続き、「検査問題」があります。「解答用紙」は、別に一枚《まい》あります。

三　「始め」の指示で、中を開いて、「解答用紙」に受検番号を書きなさい。検査時間は四十分です。

2 明《あきら》さんと黎《れい》さんは，総合的な学習の時間に「地域《ちいき》の歴史」について発表することになり，その調査のために校外学習へ出かけました。
次の１～３の問題に答えなさい。

1　明さんと黎さんは，地域の歴史を調べるために，古い資料をもっている鈴木《すずき》さんの家に行くことにしました。次の会話文はそのときのものです。あとの（１）～（３）の問題に答えなさい。

明　さ　ん　鈴木さんの家に行くのに，白梅《しらうめ》公園の外周コースと遊歩道コースという２つの道があるけれど，どっちが近道かな。ぼくは，遊歩道コースはカーブが多くて遠回りな気がするから，外周コースの方が近道だと思うんだ。

図１

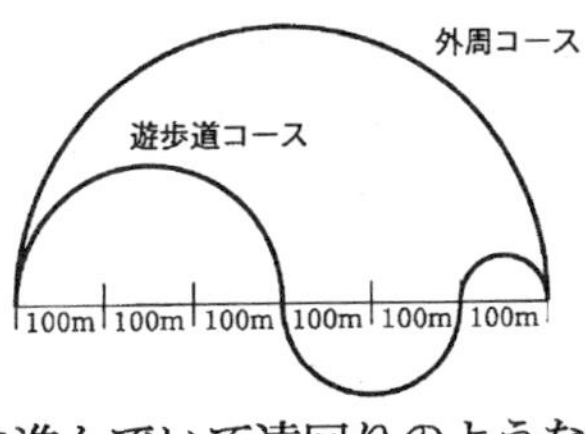

黎　さ　ん　私は遊歩道コースの方が近道だと思う。
外周コースは，鈴木さんの家とは違う方向に進んでいて遠回りのような気がするわ。㋐計算して確かめてみましょう。

―　鈴木さんの家に到着《とうちゃく》し，古い資料を見せてもらいました。　―

黎　さ　ん　これには何が書かれているのですか。
鈴木さん　これは検地帳《けんちちょう》といって，江戸《えど》時代に行われた検地の結果が書いてあるんだよ。
明　さ　ん　豊臣秀吉《とよとみひでよし》のことを授業で習ったときに検地についての話を聞きました。
鈴木さん　検地は㋑秀吉の行った代表的な政策《せいさく》のひとつとして知られているね。秀吉が行った検地は江戸時代にも受け継《う》がれ，検地の結果をもとに百姓《ひゃくしょう》に年《ねん》貢《く》を納《おさ》めさせたんだ。この検地帳には，百姓に年貢を納めさせるためのいろいろな㋒情報が書かれているんだよ。
明　さ　ん　そうなんですね。

（１）「㋐計算して確かめてみましょう」とありますが，**下の□のＡ～Ｃの中から正しいものを記号で１つ選び**，その理由を**図１**を利用して，**式と言葉**で答えなさい。
ただし，**図１**の外周コースは半円，遊歩道コースは半径の異《こと》なる３つの半円が並んだものとします。

Ａ　外周コースの方が近い　　Ｂ　遊歩道の方が近い　　Ｃ　どちらも同じ

（２）「㋑秀吉の行った代表的な政策」とありますが，**資料**は秀吉のおもな政策をまとめたものです。**資料**の３つの政策に**共通するねらい**を答えなさい。

資料

- 検地を行い，検地帳に登録した者の耕作権を認《みと》め，その者に年貢を納める義務を負わせた。
- 百姓の一揆《いっき》を防ぐために，刀狩令《かたながりれい》を出して，百姓の武器を取り上げた。
- 百姓が武士や町人《ちょうにん》になることを禁じた。

（3）「㋒情報」とありますが，年貢を納めさせるためには，どんな情報が必要だったと考えられますか，答えなさい。

2　明さんと黎さんは，鈴木さんの家から小学校へ帰る途中《とちゅう》で白梅公園を通りました。次の会話文は，そのときのものです。あとの（1），（2）の問題に答えなさい。

黎さん　公園の中のまっすぐな道に1列に植えられている木は，町の職員の方とボランティアの方たちが植えたらしいわ。

明さん　知らなかったよ。長い道にきれいに並《なら》べて植えてあるね。

黎さん　そうなの。㋓等しい間隔《かんかく》で植えられているのよ。

明さん　そういえば，あそこに見える噴水《ふんすい》は，水の出方がおもしろいんだ。お父さんゾウとお母さんゾウと子どものゾウの3つの鼻からそれぞれ水が出るんだよ。この前調べてみたら，お父さんゾウは3秒間噴《ふ》き出した後に1秒間止まって，お母さんゾウは2秒間噴き出した後に1秒間止まって，子どものゾウは1秒間噴き出した後に1秒間止まるんだよ。同時に水が噴き出すこともあるんだ。ほら，今，3頭同時に噴き出したよ。

黎さん　本当ね。あっ，また3頭のゾウが同時に水を噴き出したわよ。

明さん　3頭のゾウが同時に水を噴き出すタイミングには，㋔規則性がありそうだね。

（1）「㋓等しい間隔」とありますが，**図2**のように，この道に1列に木を植えるには，端《はし》から端まで6mおきに植えるときと，9mおきに植えるときでは，必要な木の本数に20本の差が出ます。この道の端から端まで5mおきに1列に木を植えるとしたら，**何本の木が必要か**，答えなさい。

ただし，道の両端《りょうたん》にも木は植えるものとします。

図2

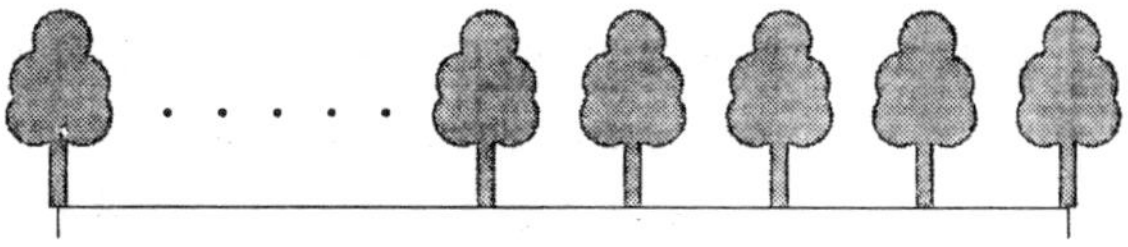

（2）「㋔規則性がありそうだね」とありますが，お父さんゾウとお母さんゾウと子どものゾウが同時に水を噴き出してから**1分間に，3頭のゾウが同時に水を噴き出している時間の合計は何秒か**，答えなさい。

3　明さんと黎さんは，校外活動の報告を先生にしたあと，科学部の活動に参加しました。次の会話文は，そのときのものです。あとの(1)～(3)の問題に答えなさい。

黎さん　先生，今日は何の実験をするんですか。
先　生　ここに異なる水溶液《すいようえき》の入っている，3つのビーカーがあります。この3つのビーカーには，「石灰水《せっかいすい》」，「食塩水」，「ミョウバンの水溶液」のどれかが入っています。どのビーカーに，何の水溶液が入っているか，見分ける方法について考えてみましょう。
明さん　どれがどれか見た目だけではわかりませんね。
黎さん　私は，㋕「石灰水」だけを見分ける方法を考えてみます。
明さん　では，ぼくは「食塩水」と「ミョウバンの水溶液」を見分ける方法を考えてみます。でも，どこから考えたらいいのかわかりません。
先　生　「食塩水」と「ミョウバンの水溶液」は20℃の水50mLに食塩やミョウバンを5gとかして，先生がつくったものです。それと，この**表**を見てください。これは，水50mLにとける，食塩とミョウバンの量と温度の関係を表したものです。
明さん　㋖先生のお話とこの**表**をヒントに考えてみます。

表　**水50mLにとかすことのできる，食塩とミョウバンの量と温度**

	0℃	20℃	40℃	60℃
食塩	17.8g	17.9g	18.2g	18.5g
ミョウバン	2.9g	5.7g	11.9g	28.7g

(1)　「㋕「石灰水」だけを見分ける方法を考えてみます」とありますが，「石灰水」，「食塩水」，「ミョウバンの水溶液」のうち，**「石灰水」だけを見分ける方法と，その結果からどのように見分けるのか**を答えなさい。

(2)　「㋖先生のお話とこの**表**をヒントに考えてみます」とありますが，**「食塩水」と「ミョウバンの水溶液」を見分ける方法**を答えなさい。

(3)　明さんは，60℃の水にミョウバン100gをとかそうと思いました。そのとき，**水は少なくとも何mL必要か，小数第1位を四捨五入《ししゃごにゅう》して答えなさい**。また，このときの**水の量の求め方**を説明しなさい。

平成２８年度　宮城県立中学校入学者選抜《せんばつ》適性検査
（総合問題・古川黎明中学校）

検　査　用　紙

注　意

1　**指示があるまで，**この**「検査用紙」を開いてはいけません。**

2　**総合問題**の「検査用紙」には，表紙に続き，**１ページから６ページまで「検査問題」**があります。**「解答用紙」は１枚**です。

3　**「始め」の指示**で，中を開いて，**「解答用紙」**に受検番号を書きなさい。その後，「検査問題」に取り組みなさい。**検査時間は６０分**です。

4　**解答は，**すべて**「解答用紙」に記入しなさい。**「検査用紙」の空いているところは，自由に使ってかまいません。

1　太郎さんと花子さんと学さんの学年では，個人ごとにテーマを決めて，自主学習に取り組みました。
次の１～３の問題に答えなさい。

1　太郎さんは「作物の育て方」をテーマに，自主学習に取り組むことにしました。次の会話文は，太郎さんが親せきの農家のおじさんと，作物の育て方について話したときのものです。あとの（1）～（3）の問題に答えなさい。

太郎さん	おじさん，この畑には何を植えたの。
おじさん	トウモロコシだよ。
太郎さん	トウモロコシの植え方と育て方には，何か，こつはあるの。
おじさん	㋐トウモロコシは，種子と種子の間を近づけて植える方が，たくさんの実ができるんだよ。それから，いろいろな作物にも言えることなんだけど，㋑種子が発芽したら，周りに生えてきた雑草をこまめに取り除《のぞ》かなければならないんだよ。
太郎さん	そうなんだ。ぼくもトウモロコシを育ててみたいな。
おじさん	トウモロコシの種子がまだあるから，これを植えてみなさい。
太郎さん	ありがとう。あれ，おじさん，欠けている種子があるけど，これを植えても，ちゃんと育つのかなあ。
おじさん	ちょっと見せて。おや，ずいぶん大きく欠けている種子だね。しめらせただっし綿の上に置いて，育つようすを観察してみるといいよ。
太郎さん	ありがとう。試《ため》してみるね。

（1）「㋐トウモロコシは，種子と種子の間を近づけて植える方が，たくさんの実ができるんだよ。」とありますが，**その理由**を答えなさい。

（2）「㋑種子が発芽したら，周りに生えてきた雑草をこまめに取り除かなければならないんだよ。」とありますが，**その理由を２つ**答えなさい。

（3）太郎さんは，欠けている種子と欠けていない種子を，しめらせただっし綿の上に置き，光と温度の条件を同じにして，育つようすを観察しました。だっし綿は，かわかないように注意しました。**資料１**は，太郎さんが，観察した記録と種子について調べたことをまとめたものです。**欠けている種子は，欠けていない種子に比べ，なえの大きさが途中《とちゅう》から変化しなくなりましたが，その理由**を答えなさい。

資料１

月日	欠けている種子	欠けていない種子
5/10	観察開始	
5/11	発芽した。	
5/13	なえの大きさ　3mm	発芽した。
5/15	なえの大きさ　34mm	なえの大きさ　12mm
5/17	なえの大きさ　36mm	なえの大きさ　43mm
5/19	なえの大きさ　36mm	なえの大きさ　54mm
5/21	なえの大きさ　36mm	なえの大きさ　60mm

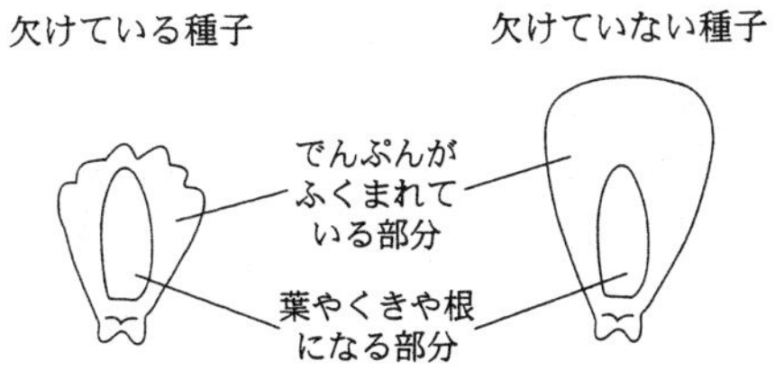

2　花子さんは，「日本の漁業」をテーマに，自主学習に取り組むことにしました。次の会話文は，花子さんが，インターネットで見つけた**グラフ**をもとに，お父さんと話をしたときのものです。あとの(1)～(3)の問題に答えなさい。

お父さん　何を見ているんだい。

花子さん　漁業生産量全体に対する各漁業生産量の割合《わりあい》のグラフを見ているの。30年の間に，ずいぶん変化しているわ。遠洋漁業の割合は，減っているのね。

お父さん　そうだね。㋒遠洋漁業は，この30年で生産量が大きく減ったことで，漁業生産量全体に対する割合が低下したんだね。

花子さん　何か理由があったんだろうから，調べてみるわ。

お父さん　そうするといいよ。それから，逆に，㋓養しょく業のように，生産量の割合を増やしている漁業があるから，そのことも調べてみたらどうかな。

花子さん　わかったわ。それから，㋔お客さんに買ってもらうためのくふうについても，考えてみようと思うの。生産者の立場《たちば》になれば，魚をとってきても，買って食べてもらわないことには，生活が成り立たないものね。

グラフ

漁業生産量全体に対する各漁業生産量の割合

※川や湖での漁業を除く。割合は四捨五入した値のため，合計が100にならない年がある。(　　　)内は生産量。

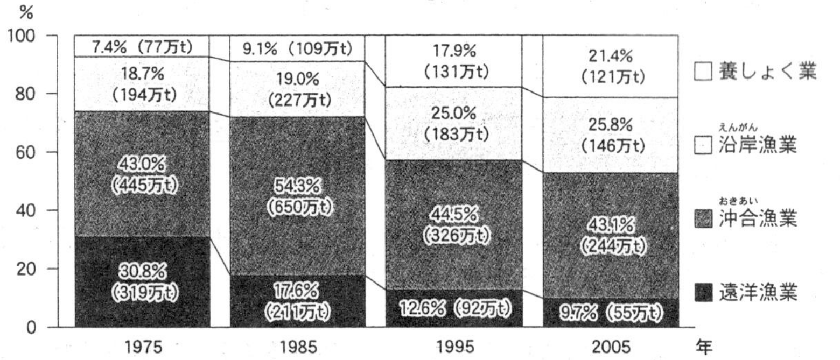

（農林水産省統計より作成）

(1)「㋒遠洋漁業は，この30年で生産量が大きく減った」とありますが，**その理由**を答えなさい。

(2)「㋓養しょく業のように，生産量の割合を増やしている漁業」とありますが，花子さんは，養しょく業が割合を増やしているのは，安定した漁業生産につながっているからではないかと考えました。**養しょく業のどのような特徴《とくちょう》が，安定した漁業生産につながると考えられるか**，答えなさい。

(3)「㋔お客さんに買ってもらうためのくふう」とありますが，花子さんは，商品のパックについていた**資料2**のようなラベルを見つけ，ここに書かれたパック番号によって，商品の産地や生産者などを調べられることを知りました。**生産者がこのしくみを取り入れているねらいは何か**，答えなさい。

資料2

消費期限　15. 05. 05
加工日　15. 05. 02
内容量　135グラム
http://www.miyagi.○○○○/
パック番号 00-1234567890

3　学さんは，自主学習に取り組むため，科学館へ行きました。次の会話文は，学さんが，科学館の係員さんと話したときのものです。また，**図**は，係員さんが学さんに説明してくれたアニメーションの画面です。あとの(1)，(2)の問題に答えなさい。

学さん　今日は，歩行ロボットについて調べるために来ました。

係員さん　歩行ロボットの研究は，長い間続けられてきて，今では2本足で歩くロボットもできていますよ。

学さん　こちらの画面に表示されているのは，何ですか。

係員さん　これは，ベルトコンベアの上を安定して歩くことができるようなロボットのようすを，わかりやすくお伝えするためのものです。まず，ベルトコンベアの動く向きを選び，［①］と［②］の所には好きな数を入れて，スタートボタンを押《お》すと，ロボットが歩くようすを，アニメーションで見てもらうことができるんですよ。やってみてください。

図

◇　ロボットは，Aを出発し，Bに向かって歩きます。ロボットの1歩の幅《はば》は，20cmです。
◇　ベルトコンベアは，一定の速さで動きます。AからBまでの長さは8ｍです。

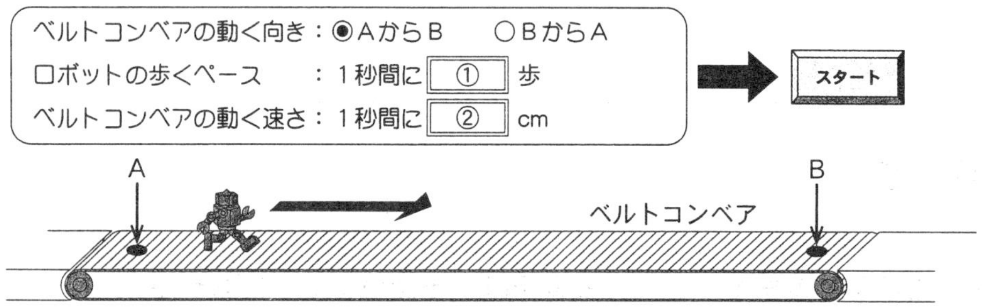

(1)　学さんは，ベルトコンベアの動く向きとして，「AからB」を選びました。次の**ア**～**ウ**の問題に答えなさい。

ア　［①］に2，［②］に0を入れて，スタートボタンを押すと，**Aを出発したロボットは，何秒でBに着くか**，答えなさい。

イ　［①］に2，［②］に10を入れて，スタートボタンを押すと，**Aを出発したロボットは，何秒でBに着くか**，答えなさい。

ウ　［①］に1を入れたとき，**Aを出発したロボットが，25秒でBに着くようにするためには，［②］に入れる数はいくつにしたらよいか**，答えなさい。

(2)　学さんは，ベルトコンベアの動く向きとして，「BからA」を選びました。次に，［①］と［②］に数を入れ，スタートボタンを押したところ，ロボットは，歩いているのにAの位置からずっと動かないように見えました。ロボットが，Aの位置からずっと動かないように見えた**理由**を答えなさい。また，学さんが［②］**に入れた数を80とするとき，**［①］**に入れた数**を答えなさい。

2 明さんと黎《れい》さんは，夏休みに家族で２泊《はく》３日のキャンプに行きました。
次の１～３の問題に答えなさい。

１　次の会話文は，明さんたちがキャンプ１日目に夕食の準備をしていたときのものです。あとの(１)，(２)の問題に答えなさい。

明さん	なかなかうまく燃えないなあ。
お父さん	ただまきをのせればいいってわけじゃないよ。どれ，かしてみなさい。
お母さん	じゃあ，火はお父さんにおこしてもらうことにして，あなたたちは㋐買ってきた野菜をあらうのを手伝ってちょうだい。
黎さん	私は，じゃがいもをあらうわね。
明さん	じゃあ，ぼくは，にんじんをあらうよ。あれ，お父さん，火をおこすのがじょうずだね。㋑もう，まきに火がついているよ。ぼくのやり方とどこがちがうんだろう。

(１)　「㋐買ってきた野菜」とありますが，お母さんは，じゃがいもを１個70円，にんじんを１本75円，たまねぎを１個64円で買いました。
次の**ア**，**イ**の問題に答えなさい。
ただし，消費税は考えないこととします。

ア　にんじんの代金は，１本で75円，２本で150円，というようになり，一の位は，「０」か「５」のいずれかになります。同じようにたまねぎの代金について考えたとき，**一の位にあてはまる数を，すべて**答えなさい。

イ　どの野菜も１個以上買い，お金は合計で889円払《はら》いました。お母さんは，**野菜をそれぞれ何個ずつ買ったか**，答えなさい。

(２)　「㋑もう，まきに火がついているよ。」とありますが，明さんは，**図１**の**Ａ**のようにまきを組みました。そのあと，お父さんは，**図１**の**Ｂ**のようにまきを組み，火をおこしました。**なぜ，Ｂの組み方の方がＡの組み方よりはやくまきに火がついたのか，その理由**を答えなさい。
ただし，固形燃料の量とまきの本数等の条件は，同じだったとします。

図１

Ａ　明さんの組み方　　　Ｂ　お父さんの組み方

２　明さんと黎さんは，キャンプ２日目に，近くにある歴史資料館を見学しました。
次の(１)，(２)の問題に答えなさい。

(１)　歴史資料館には，縄文《じょうもん》時代の展示《てんじ》コーナーがありました。次の会話文は，黎さんが，縄文時代の人々の生活について，**写真**や**図２**のような展示物を見ながら，ガイドさんから説明を聞いたときのものです。あとの**ア**，**イ**の問題に答えなさい。

写真

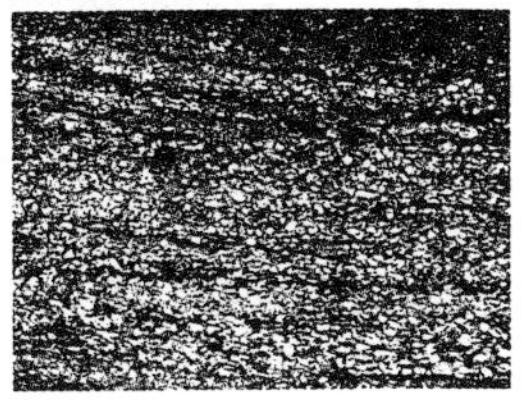

黎さん	これは，この資料館の近くで見つかった縄文時代の貝塚《かいづか》の写真だそうですが，貝塚というのは，どういうものですか。
ガイドさん	昔の人が，生活の中で出たごみなどを捨《す》てていた場所のことです。大量の貝がらなどが発掘《はっくつ》されるので，「貝塚」とよびます。
黎さん	写真の貝塚では，貝がら以外に，何が見つかっていますか。
ガイドさん	動物や魚の骨《ほね》，土器のかけらや石器などが見つかっていますよ。
黎さん	縄文時代の人々のくらしは，このような道具を使うことで，どのように変わったのでしょう。
ガイドさん	例えば，土器がつくられるようになったので，［　①　］など，食生活にも変化が生まれていたと考えられています。
黎さん	縄文時代の人々の食生活は，豊かなものだったのですね。
ガイドさん	そうですね。でも，狩《か》りや採集によって食べ物を手に入れていたので，季節によっては，十分な量の食べ物が手に入りにくいことがあったようです。縄文時代の人々は，㋒自然の恵みをじょうずに利用して，食料不足への備えもしながら，くらしていたようです。貝塚から発掘されたものをもとに，当時の人々の１年の生活を，こちらの「縄文人四季の仕事カレンダー」にまとめています。ごらんになってください。

図２

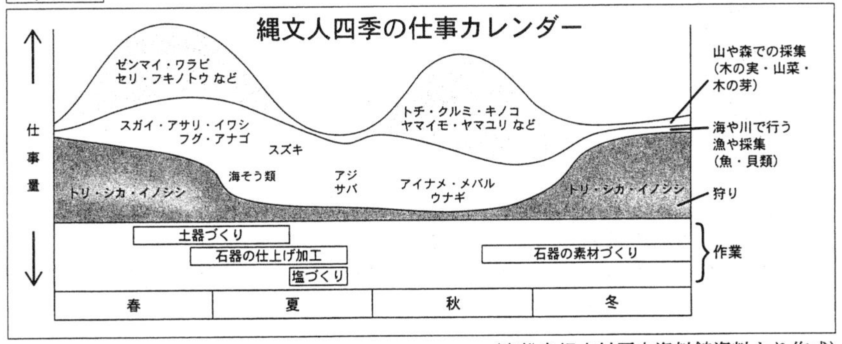

(奥松島縄文村歴史資料館資料より作成)

ア　［　①　］**にあてはまる言葉**を答えなさい。

イ　「㋒自然の恵みをじょうずに利用して，食料不足への備えもしながら，くらしていた」とありますが，それはどのようなことか，**図２をもとに**答えなさい。

(２)　明さんと黎さんは，歴史資料館の体験コーナーで，弥生《やよい》時代などの人たちが身に付けていた，「まが玉」作りに挑戦《ちょうせん》しました。

次の**ア**，**イ**の問題に答えなさい。

ア　明さんは，まが玉を作るため，方眼紙に，**図３**のような，**半円を組み合わせた**下書きをかきました。**色のついた部分の面積**を答えなさい。
　ただし，円周率は，3.14とします。

イ　明さんは，黎さん，Aさん，Bさん，Cさんと一緒《いっしょ》に，午後２時にまが玉作りを始めました。黎さん以外の４人のまが玉が完成した時刻《じこく》は，**表**のようになりました。**明さんがまが玉を作るのにかかった時間が，５人のかかった時間の平均より短かかったとすると，黎さんがまが玉を完成させた時刻は，何時何分より後であったことになるか**，答えなさい。また，**求め方を式と言葉**で答えなさい。

図３

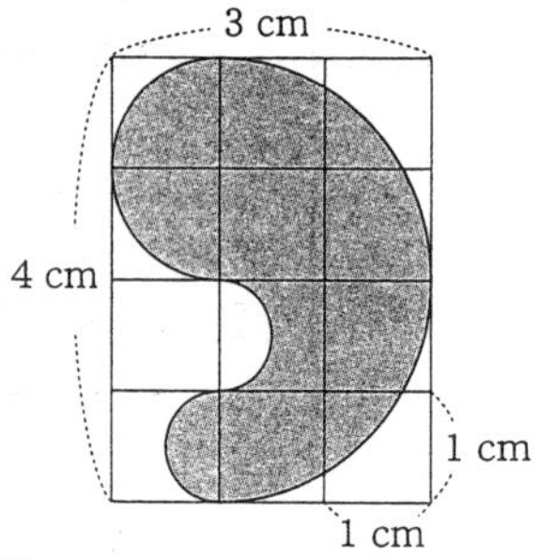

表

	まが玉が完成した時刻
明さん	午後２時 57 分
Aさん	午後２時 43 分
Bさん	午後３時　５分
Cさん	午後２時 40 分

３　キャンプの３日目に，明さんは，帰りの車の中から見えた太陽光パネルに興味をもち，夏休みに，**図４**のような，光電池の電気自動車を作りました。
　次の(１)，(２)の問題に答えなさい。

(１)　明さんと黎さんは，ある晴れた日の正午ごろ，学校の校庭で，**図５**のように南北方向に向かい合って立ち，**図４**の車をお互《たが》いに向けて順番に走らせてみました。すると，黎さんが走らせたときと比べ，明さんが走らせたときには，あまり速く走りませんでした。**なぜ，走る速さにちがいがでたのか，理由**を答えなさい。

図４

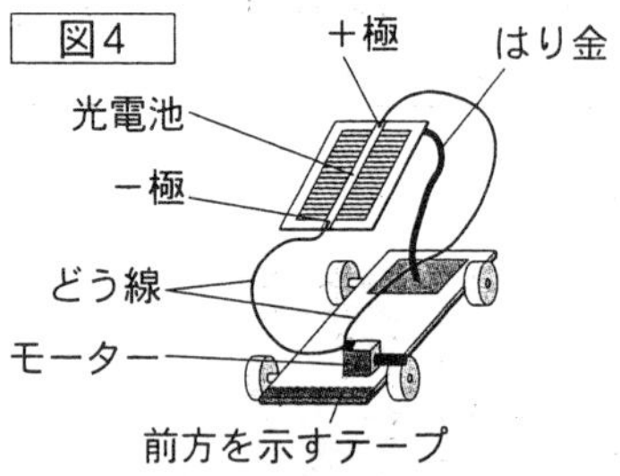

図５

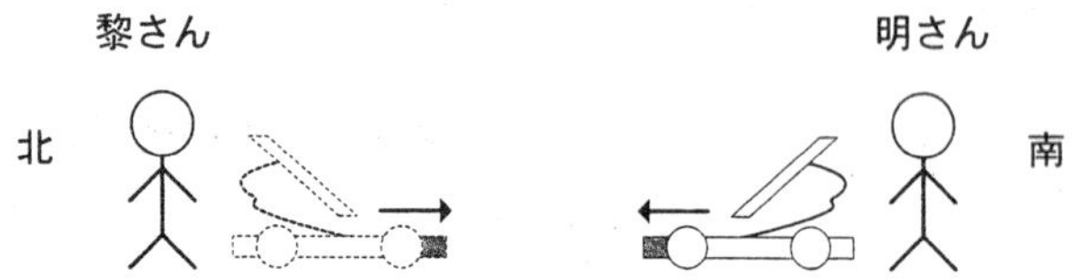

(２)　明さんは，**図４**の車にくふうをしようと考え，**図６**のような切りかえスイッチを２つ使い，**図７**のような回路を作りました。**２つのスイッチを，どう線A，Cにつないだ状態から，どう線B，Dにつないだ状態に切りかえると，どのような変化が起きるか**，答えなさい。また，その**理由**も答えなさい。

図６

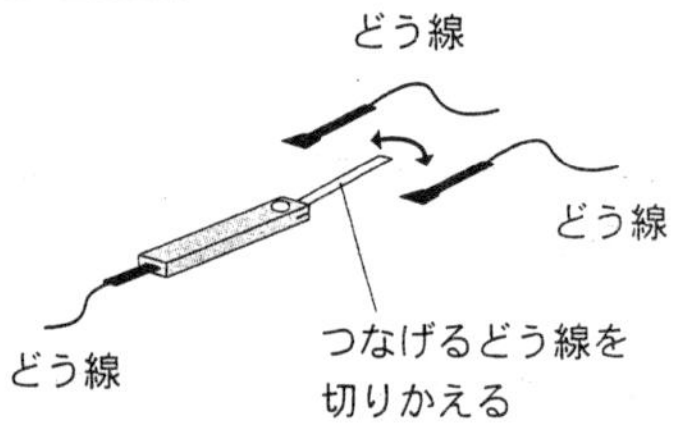

図７

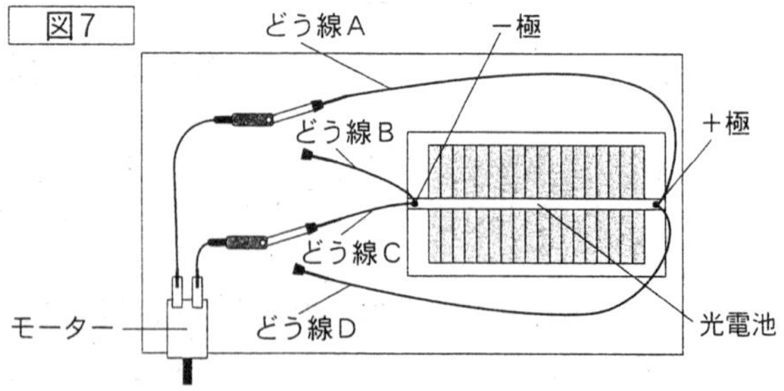

平成二十八年度　宮城県立中学校入学者選抜《せんばつ》適性検査（作文・古川黎明中学校）

検査用紙

注意

一　指示があるまで、この「検査用紙」を開いてはいけません。

二　作文の「検査用紙」には、表紙に続き、「検査問題」があります。「解答用紙」は、別に一枚あります。

三　「始め」の指示で、中を開いて、「解答用紙」に受検番号を書きなさい。検査時間は四十分です。

平成二十八年度　宮城県立中学校入学者選抜《せんばつ》適性検査（作文・古川黎明中学校）

問題

あなたが今の世の中や日常の出来事《できごと》の中で、「よりよくしたいと思うこと」はどのようなことですか。あなたが見たり聞いたり、体験したりしたことを振《ふ》り返って、「よりよくしたいと思うこと」を一つあげ、その理由を、四百字以上五百字以内で書きなさい。

〔注意〕①　題名、氏名は書かずに、一行目から書き始めること。

②　原稿《げんこう》用紙の正しい使い方にしたがい、文字やかなづかいも正確に書くこと。

解 答 用 紙（古川黎明中学校）

受 検 番 号	

＜注意＞ ＊ の欄に記入してはいけません。 ＊

＊

100点満点（1 50点満点，2 50点満点）※部分配点非公表

問題の番号			解 答 を 記 入 す る 欄《らん》
1	1	(1)	
		(2)	
		(3)	
	2	(1)	
		(2)	
		(3)	
	3	(1)	ア：（　　　　　）秒
			イ：（　　　　　）秒
			ウ：（　　　　　）
		(2)	理由：
			数　：

＊

問題の番号			解 答 を 記 入 す る 欄《らん》
2	1	(1)	ア
			イ　じゃがいも（　　　）個　にんじん（　　　）個
			たまねぎ　（　　　）個
		(2)	
	2	(1)	ア
			イ
		(2)	ア　（　　　　　）cm^2
			イ　答え：午後（　　　）時（　　　）分より後
			求め方：
	3	(1)	
		(2)	変化：
			理由：

作文　解答用紙

〔注意〕

① 題名、氏名は書かずに、一行目から書き始めること。

② 原稿《げんこう》用紙の正しい使い方にしたがい、文字やかなづかいも正確に書くこと。

※ の欄《らん》に記入してはいけません。

受検番号

※

25点満点

(配点非公表)

400字

500字

平成２７年度　宮城県立中学校入学者選抜《せんばつ》適性検査
(総合問題・古川黎明中学校)

検　　査　　用　　紙

注　意

1　**指示があるまで，この「検査用紙」を開いてはいけません。**

2　**総合問題**の「検査用紙」には，表紙に続き，**1ページから6ページまで「検査問題」**があります。**「解答用紙」は1枚**です。

3　**「始め」の指示**で，中を開いて，**「解答用紙」**に受検番号を書きなさい。その後，「検査問題」に取り組みなさい。**検査時間は６０分**です。

4　**解答は，**すべて**「解答用紙」に記入しなさい。**「検査用紙」の空いているところは，自由に使ってかまいません。

1　太郎さんと花子さんの学年では，１泊２日の自然体験学習で山に行き，１日目にはハイキングと星の観察，２日目には木工製作をしました。
次の１～４の問題に答えなさい。

1　次の会話文は，太郎さんが先生とハイキングをしながら，虫の観察をしたときのものです。あとの(１)，(２)の問題に答えなさい。

太郎さん	セミがないていますね。
先　　生	アブラゼミですね。枝に㋐アブラゼミのぬけがらがありますね。この枝でアブラゼミの幼虫《ようちゅう》は成虫になったんですね。
太郎さん	アブラゼミのぬけがらは茶色なんですね。
先　　生	アブラゼミは成虫のはねの色も茶色ですよ。
太郎さん	草むらにいたショウリョウバッタは，はねやからだの色が緑色でした。
先　　生	㋑住んでいる場所と似たような色をしていますね。

写真１

(１)「㋐アブラゼミのぬけがら」とありますが，**写真１**のようなアブラゼミのぬけがらをみつけました。その近くに，クモが巣を張っていました。太郎さんは，アブラゼミのぬけがらとクモを見ているうちに，アブラゼミの幼虫とクモではからだのつくりが違《ちが》っていることに気がつきました。**アブラゼミの幼虫のからだのつくりが，クモのからだのつくりと違っている点**を答えなさい。

(２)「㋑住んでいる場所と似たような色をしていますね。」とありますが，**このことはこん虫が生きていくうえで，どのように都合がよいか**，答えなさい。

2　花子さんが歩いたハイキングコースでは，スギの人工林*が多く見られました。次の文章は，花子さんが体験学習後に，日本の森林についてまとめたものの一部です。これを読み，あとの(１)，(２)の問題に答えなさい。

> 昔の日本では，木材が製品の材料や生活，産業の燃料として大量に使用されたため，㋒山などの木が多く切られました。第二次世界大戦後の復興に木材が大量に必要とされたため，成長の早いスギなどが多く植えられましたが，国産の木材の利用が減ったり，人手が不足したりして，手入れが行き届かない人工林も見られます。
> 木には，世界で問題になっている地球温暖《おんだん》化《か》の原因の１つにあげられている二酸化炭素を吸収《きゅうしゅう》する力があります。そこで，私は，㋓スギなどの人工林の育て方を工夫することで，地球温暖化の防止にも役立つのではないかと思いました。

＊人工林：人の手で植林してつくった森林

写真２

(大阪府環境農林水産部ホームページより)

(１)「㋒山などの木が多く切られました。」とありますが，**写真２**は，木を切り，新たに植林しなかったため，木がほとんどなくなった山の様子を，昭和時代の前半に撮影《さつえい》したものです。**このような山で起こりやすいと考えられる自然災害にはどのようなものがあるか**，答えなさい。

（2）「㋓スギなどの人工林の育て方を工夫することで，地球温暖化の防止にも役立つのではないか」と考えた花子さんは，インターネットを使って，国内におけるスギ人工林の林れい*ごとの面積と1ha当たりの年間の二酸化炭素吸収量についての**グラフ**を作成しました。**地球温暖化がこれ以上進まないようにするには，どのように人工林を育てていくのが効果的か，グラフをもとに**答えなさい。

グラフ

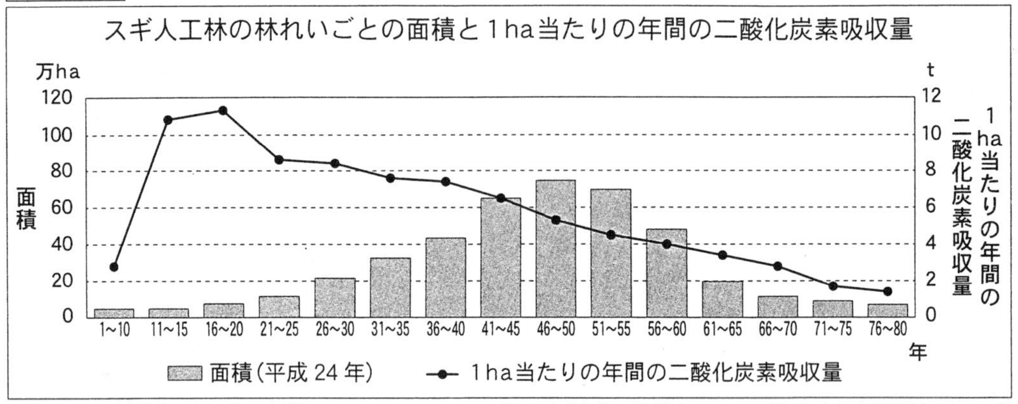

＊林れい：植林してからの年数　（林野庁「森林・林業白書」，千葉県農林水産部資料より作成）

3　花子さんは，夕食後の星の観察で，星座《せいざ》早見を使って星座の見え方を説明しました。次の発表原稿を読んで，あとの（1），（2）の問題に答えなさい。

> 星座早見の月日と時刻《じこく》の目もりを合わせると，その時刻に見える星座がわかります。今はさそり座が南の空にあります。さそり座は，猟師《りょうし》のオリオンを殺したサソリが星座になったものという神話があり，星座早見を回すと，㋔オリオン座はさそり座がしずんだ後にのぼることが分かります。

（1）「㋔オリオン座はさそり座がしずんだ後にのぼる」とありますが，**図1**は，花子さんが使った星座早見を示したもので，**図2**は，その一部を拡大《かくだい》したものです。**オリオン座がかくれている位置**を，**図1**の**ア～ウ**から1つ選び，**記号**で答えなさい。

図1

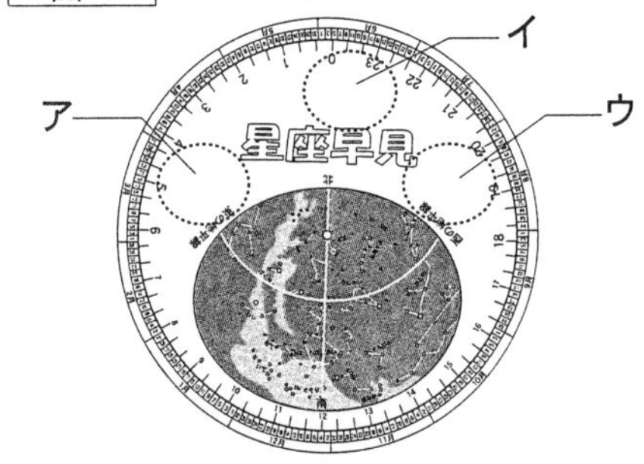

図2

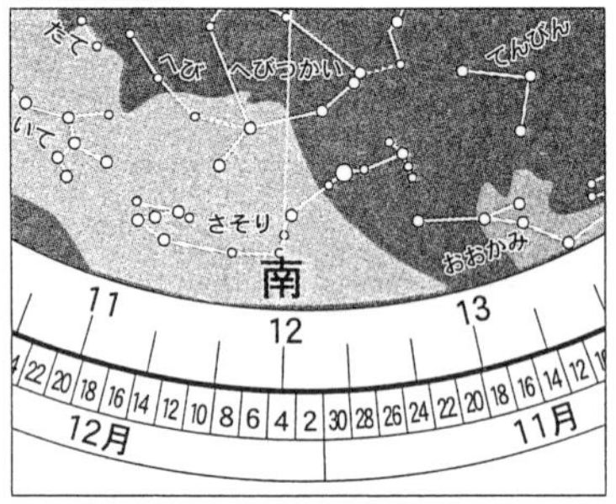

（2）**図3**は，自然体験学習の日の，花子さんが説明した時刻における，さそり座の位置を記録したものです。南の方位には**A**の星があります。**この日の6日前の同じ時刻に，南の方位に来ていた星を，図2を参考にして，図3のア～エから1つ選び，記号**で答えなさい。

図3

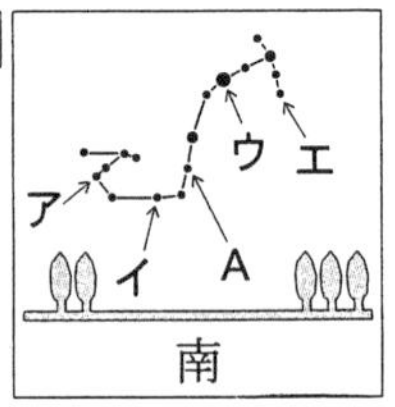

4　太郎さんは，木工製作で**図4**のような2枚《まい》の平らな板㋐，㋑を使って直方体の整理箱を作ることにしました。どちらの板も厚さは1cmで，形は長方形ですが，板㋐は，たて30cm，横60cm，板㋑は，たて30cm，横70cmです。下の会話文は，太郎さんが板を切り分けようとして先生に相談したときのものです。**図4**を参考にして，あとの（1），（2）の問題に答えなさい。

図4

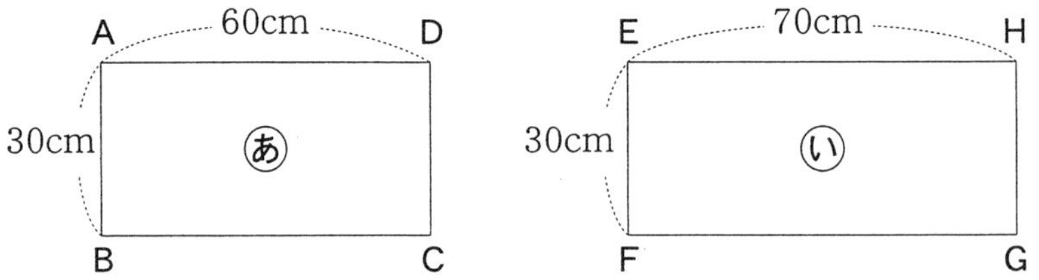

太郎さん	板㋐を2等分，板㋑は3枚に分け，全部で5枚の板にしようと思います。
先　生	板㋐は，どのようにすると2等分できますか。
太郎さん	㋕辺ADの点Aから30cmのところに三角定規の直角をあてて，辺ADに垂直《すいちょく》な線を辺BCまで引くと，同じ大きさの正方形が2つできます。
先　生	そうですね。では，板㋑はどう分けるとよいですか。
太郎さん	3枚の板を同じ大きさにすると，うまく作ることができません。
先　生	板の厚さの分も考えなければなりませんね。辺EHを24cm，24cm，22cmの3つに分けてみたらどうでしょう。

（1）「㋕辺ADの点Aから30cmのところに三角定規の直角をあてて，辺ADに垂直な線を辺BCまで引く」とありますが，このようにすると**同じ大きさの正方形が2つできる理由**を答えなさい。

（2）太郎さんは，先生と相談したとおりに，板㋐を2等分して2枚の板にしました。また，板㋑は，辺EHを24cm，24cm，22cmの3つに分け，3枚の板にしました。
　太郎さんは，これらの5枚の板を使って，**図5**のような，ふたがない直方体の整理箱を作りました。**この整理箱の容積は何cm^3になるか**，答えなさい。

図5

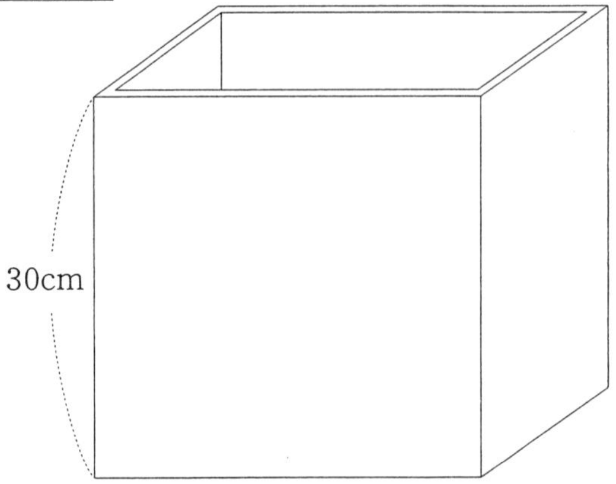

2　明さんと黎《れい》さんのクラスでは，総合的な学習の時間に米づくりの体験学習をしました。次の１～３の問題に答えなさい。

1　次の会話は，明さんたちが，田植えの体験の時間に，農業指導員の鈴木さんから大崎《おおさき》地方の米づくりについての話を聞いたときのものです。あとの（１）～（４）の問題に答えなさい。

鈴木さん	みなさんが住んでいる大崎地方は全国でも有数の米どころで，「ひとめぼれ」や「ササニシキ」などの品種は有名ですね。おいしいお米をたくさんつくるためには，広い平野と栄養豊かな土，そして豊富な水が必要です。
明さん	はい。それに加えて，年間の㋐気温と降水《こうすい》量，日照時間の長さも大切だと，授業で習いました。
黎さん	そうね。特に水は大切で，㋑東北地方では，春から夏に稲《いね》の生長に必要な水が十分に確保できるとも習ったわ。
鈴木さん	これからみなさんには，㋒手作業で苗《なえ》を植えてもらいますが，みなさんが植えた稲が，お天気にめぐまれて，すくすく育つといいですね。

（１）「㋐気温と降水量」とありますが，明さんは，大崎市古川における，月ごとの平均気温と平均降水量を調べて，**表１**と**グラフ１**にまとめました。**表１をもとに**，解答用紙に**折れ線を記入**し，**グラフ２を完成**させなさい。

表１　大崎市古川の月ごとの平均気温

月	1	2	3	4	5	6	7	8	9	10	11	12
平均気温(℃)	−0.1	0.5	3.5	9.4	14.6	18.5	22.0	23.7	19.7	13.6	7.5	2.7

（気象庁の統計資料より作成）

グラフ１

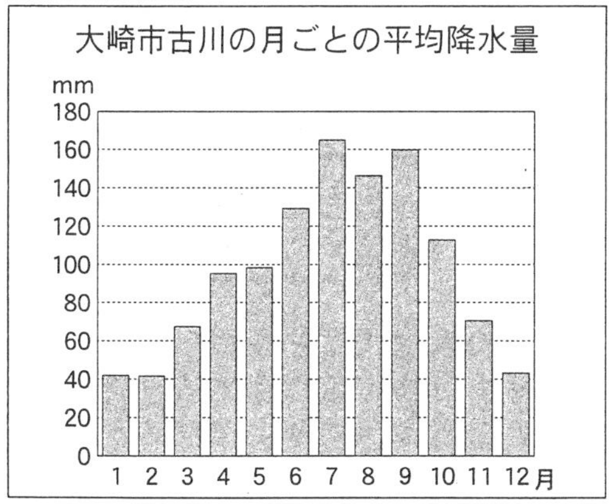

（気象庁の統計資料より作成）

グラフ２

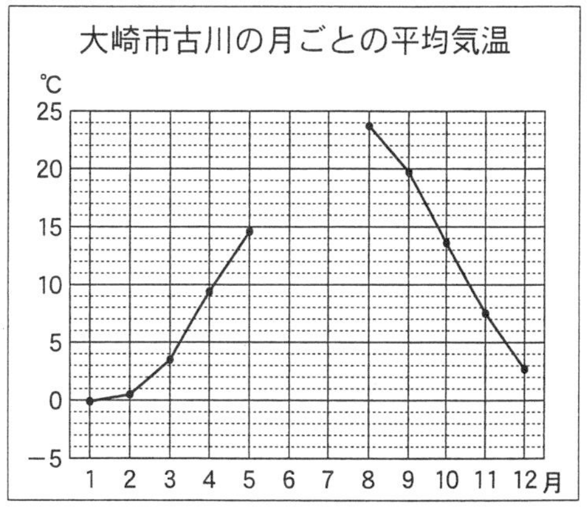

（気象庁の統計資料より作成）

（２）**グラフ１**から，月ごとの平均降水量が**最も多い月の量は最も少ない月の量のおよそ何倍か**，**整数**で答えなさい。

（３）「㋑東北地方では，春から夏に稲の生長に必要な水が十分に確保できる」とありますが，**雨水の他に**，**水を十分に確保できる理由**を答えなさい。

（４）「㋒手作業で苗を植えてもらいます」とありますが，明さんたちは横の長さが18mの田で，田植えをしました。**図１**のように30cm**間隔《かんかく》で苗を植えたとき**，**何列植えることができたか**，答えなさい。

図１

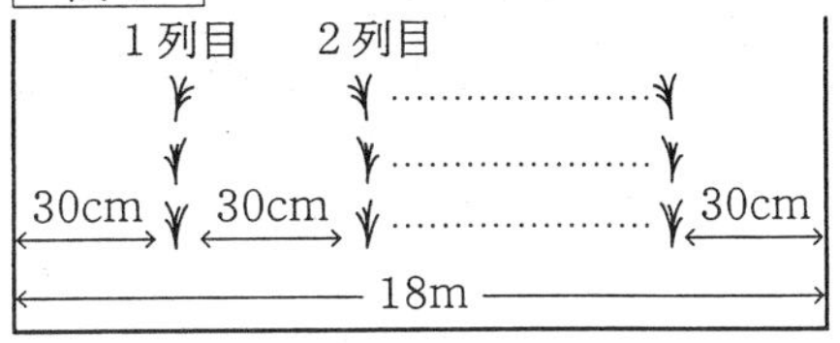

2　次の会話文は，明さんと黎さんが，鈴木さんの田で，**写真**のような機械を使って，稲かりをする様子を見学させてもらったときのものです。あとの（１）～（３）の問題に答えなさい。

明さん	ずいぶん大きな機械ですね。何という機械ですか。
鈴木さん	これはコンバインと言います。コンバインは，田の中でも車のタイヤに当たる部分が，㋓自由に動き回れるつくりになっています。
黎さん	この機械を使えば，短い時間で稲かりの作業をすることができますね。
鈴木さん	そうですね。現在では，農業の機械化によってコンバインを使うことが普通になり，稲のかり取りとだっこく*，選別まで一度に行うことができるようになりました。㋔昔は農具を使って人の手で作業をしていたので，米づくりは，時間や労力のかかる大変な仕事でした。

写真

＊だっこく：稲の穂《ほ》からもみのつぶをはずすこと

（１）「㋓自由に動き回れるつくり」とありますが，ベルトが回転することでコンバインが進むことに興味を持った明さんは，前の車輪の中心と後ろの車輪の中心の距離《きょり》や，車輪の大きさを測り，**図２**のようにまとめました。

図２のベルトの長さは何mか，答えなさい。

ただし，前と後ろの車輪は同じ大きさの円と考え，円周率は3.14とします。また，ベルトの厚さや，たるみは考えないものとします。

図２

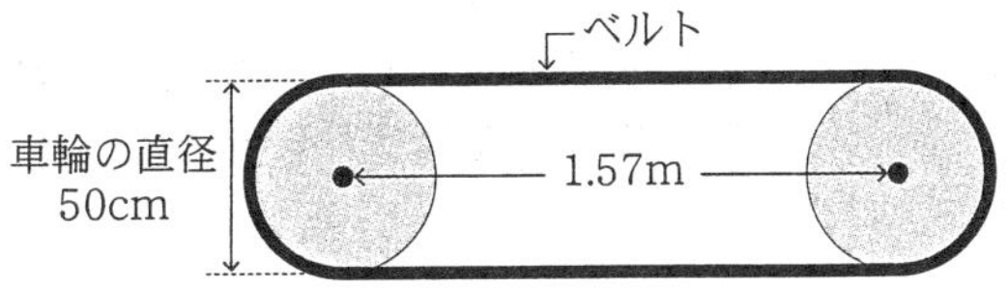

（２）明さんと黎さんは，手作業で稲をかり取る体験をすることになりました。先に明さんが１人で稲をかり取っていましたが，明さんがかり取り始めて７分後から，遅れてきた黎さんも参加しました。体験用の稲をかり終えたのは，黎さんが参加してから33分後でした。明さんがかり取り始めてから７分後までにかり取った稲の量が，体験用の稲全体のちょうど１割に当たるとき，この体験で**明さんがかり取った全ての稲の量は，黎さんがかり取った稲の量の何倍か，分数**で答えなさい。

ただし，明さんが稲を１分間当たりにかり取った量は，一定であるとします。

（3） 「㋔昔は農具を使って人の手で作業をしていた」とありますが，明さんと黎さんは，**図3**のような，昔の農具を使って実のつまったもみの選別作業を体験しました。明さんがハンドルを回して羽根車を回転させ，黎さんが投入口からだっこくしたあとのもみや細かいくき，葉などがまざった状態のものを入れました。すると実のつまったもみが**出口1**から，それ以外のものが**出口2**から出てきました。

明さんは，体験したことを学級で発表するために，農具の部品である羽根車のつくりと選別のしくみについて，**図4**のようにまとめました。**実のつまったもみとそれ以外のものが選別される理由**を，**図3**と**図4**をもとに，説明しなさい。

図3

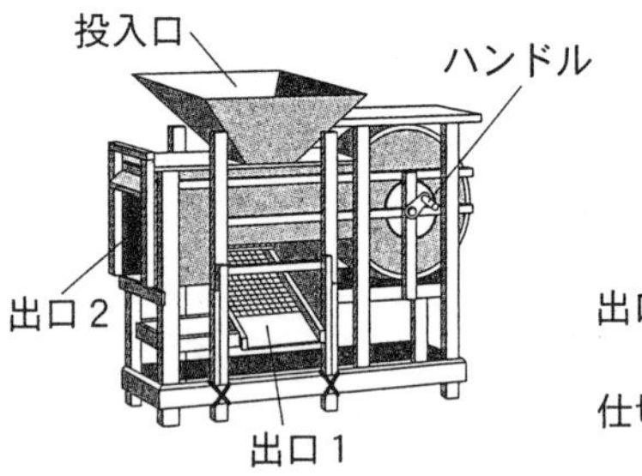

図4

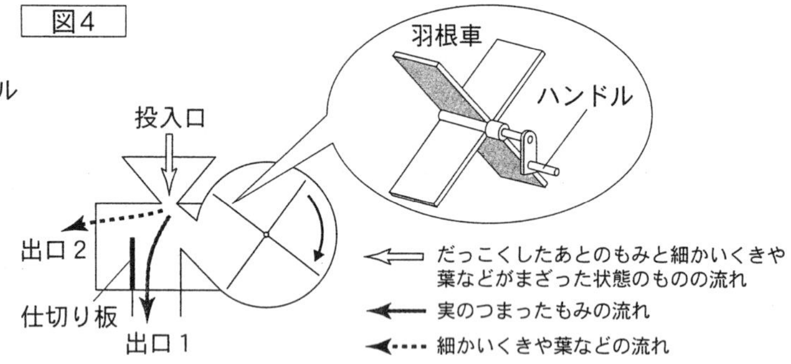

3　収穫《しゅうかく》したお米を学校で食べることになり，黎さんは家でおばあさんとなすの漬《つ》け物《もの》を作り，持って行くことにしました。おばあさんが作る漬け物は，水に食塩とミョウバンをとかした液になすを漬けこみます。この漬け物の液に食塩とミョウバンのとけ残りはありません。以前，物のとけ方について学習したことを思いだし，おばあさんが作った漬け物の液にとけている食塩の量を確かめることにしました。

次の(1)，(2)の問題に答えなさい。

（1） おばあさんが作った漬け物の液100mLにとけている食塩の量は小さじでおよそすり切り何はいか，**水を蒸発《じょうはつ》させずに調べる方法**を説明しなさい。

ただし，漬け物の液の温度は20℃とし，20℃の水100mLにとける食塩の量は小さじですり切り12はいでした。また，食塩とミョウバンがとけている水でも，食塩のとける量は変わらないものとします。

（2） 黎さんは，漬け物づくりで残ったミョウバンを，20℃の水100mLにとかしてみました。すると，とける量は小さじですり切り2はいでした。食塩にくらべてとける量が少ないことに興味をもった黎さんは，水の温度を変えて，食塩とミョウバンがそれぞれとける量を調べることにしました。2つのコップに40℃の水100mLを入れ，食塩とミョウバンをそれぞれとけ残りが出るまで加えました。60℃の水の場合も同じ方法で調べ，その結果を**表2**にまとめました。

60℃の水で調べた2つのコップをそのまま台所に置いておき，次の朝，コップの中の様子をみると，食塩にくらべてミョウバンの方が，つぶが多く出ていました。**表2をもとにその理由**を答えなさい。

表2

水の温度	20℃	40℃	60℃
食塩	すり切り12はい	すり切り12はい	すり切り12はい
ミョウバン	すり切り2はい	すり切り4はい	すり切り8はい

平成二十七年度　宮城県立中学校入学者選抜《せんばつ》適性検査（作文・古川黎明中学校）

検査用紙

注意

一　指示があるまで、この検査用紙を開いてはいけません。

二　作文の「検査用紙」には、表紙に続き、「検査問題」があります。「解答用紙」は、別に一枚あります。

三　「始め」の指示で、中を開いて、「解答用紙」に受検番号を書きなさい。検査時間は四十分です。

平成二十七年度　宮城県立中学校入学者選抜《せんばつ》適性検査（作文・古川黎明中学校）

問題

学校生活には、「たくさんの人と協力して一つのことをする」機会があります。あなたのこれまでの体験をもとにして、今後学校生活の中で「たくさんの人と協力して一つのことをする」ときに心がけたいと思うことを、その理由を示しながら、四百字以上五百字以内で書きなさい。

〔注意〕①　題名、氏名は書かずに、一行目から書き始めること。

②　原稿《げんこう》用紙の正しい使い方にしたがい、文字やかなづかいも正確に書くこと。

解 答 用 紙（古川黎明中学校）

受 検 番 号	

＜注意＞ ＊ の欄に記入してはいけません。

＊

問題の番号			解 答 を 記 入 す る 欄《らん》
1	1	(1)	クモのからだのつくりと違っている点
		(2)	
	2	(1)	
		(2)	
	3	(1)	
		(2)	
	4	(1)	
		(2)	（　　　　　　　　　　）cm³

＊

問題の番号			解 答 を 記 入 す る 欄《らん》
2	1	(1)	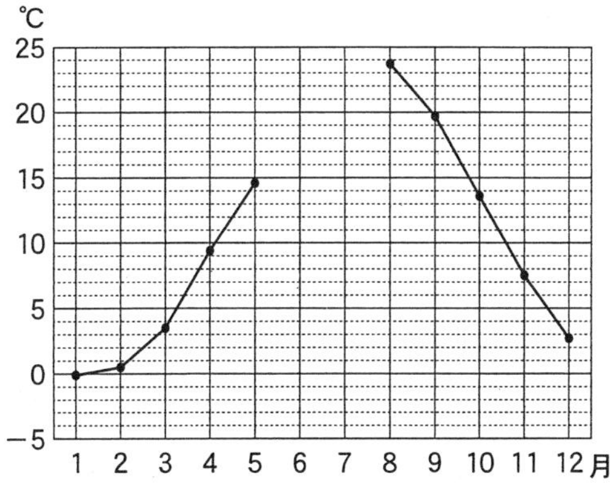
		(2)	およそ（　　　　　　　　　　）倍
		(3)	
		(4)	（　　　　　　　　　　）列
	2	(1)	（　　　　　　　　　　）m
		(2)	（　　　　　　　　　　）倍
		(3)	
	3	(1)	
		(2)	

＊

100点満点（1 50点満点，2 50点満点）

※部分配点非公表

K 教英出版

作文　解答用紙

※ の欄《らん》に記入してはいけません。

〔注意〕
① 題名、氏名は書かずに、一行目から書き始めること。
② 原稿《げんこう》用紙の正しい使い方にしたがい、文字やかなづかいも正確に書くこと。

受検番号

※
25点満点
(配点非公表)

400字

500字

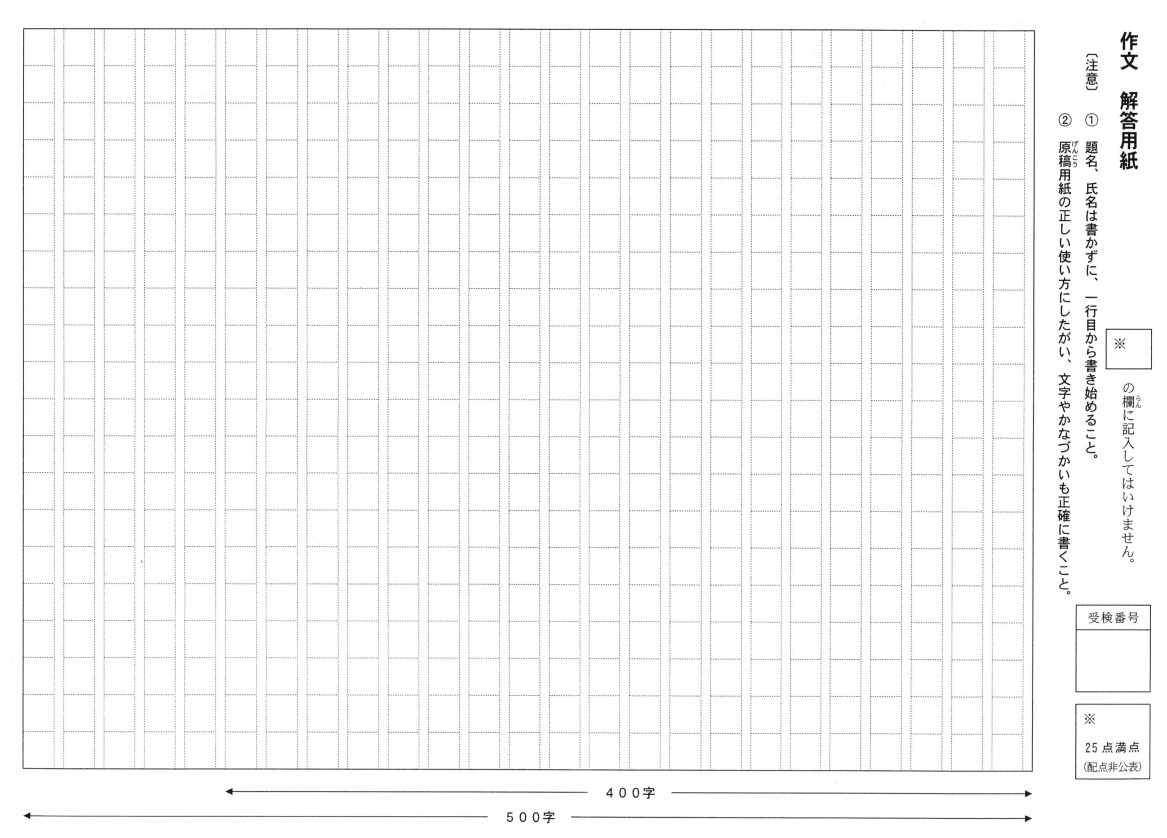